Für alle wunderbaren Seelen,
die als Eltern, Kinder oder Partner mit Sucht konfrontiert werden
und Antworten oder Ratschläge suchen.

Ich weiß, wie hart dies alles für Dich ist, doch bedenke:

Das schönste und wichtigste Geschenk,
das Du sowohl Dir als auch dem Süchtigen, den Du liebst, machen kannst,
ist wahre Selbstliebe.

Wenn Du in Deine wahre Selbstliebe kommst, wirst Du frei von allen Anhaftungen, kannst vertrauen und den anderen freilassen, ohne etwas kontrollieren oder helfen zu müssen.

Dieser neue Weg beginnt jetzt, hier in diesem Moment!
Mit dem Lesen dieser Zeilen.

Mit Deinem Mut,
mit Deiner Akzeptanz und
Deinem Vertrauen.

Bibliografische Information der Deutschen Nationalbibliothek:
Die Deutsche Nationalbibliothek verzeichnet diese Publikation in der Deutschen Nationalbibliografie; detaillierte bibliografische Daten sind im Internet über dnb.dnb.de abrufbar.

Verlag: BoD · Books on Demand GmbH, In de Tarpen 42, 22848 Norderstedt
Druck: Libri Plureos GmbH, Friedensallee 273, 22763 Hamburg
ISBN: 978-3-7597-6213-9

Die Liebe in der Sucht 3.0 –
Abschied von Deiner Co-Abhängigkeit

Neue Impulse für einen liebevollen Weg

Für wahre Selbstfürsorge!

Inhaltsverzeichnis Deines Leifadens

Vorwort und Wichtiges zu diesem Ratgeber

Ich weiß, wie schwer es für Dich ist, den Schmerz auszuhalten, dass der geliebte Mensch süchtig ist. Genau deshalb habe ich den Mut, diesen Ratgeber für Dich zu schreiben – um Dir liebevoll zu zeigen, dass Deine Co-Abhängigkeit Dich nicht nur selbst belastet, sondern auch den Süchtigen in seiner Sucht hält. Ebenso weiß ich, wie sehr Du darunter leidest und Dir wünschst, helfen zu können.

In diesem Ratgeber zeige ich Dir Wege aus diesem schmerzhaften Kreislauf. Ich verstehe, dass Du helfen, unterstützen und retten möchtest – und dabei selbst verloren gehst. Das Bild, das Du von Co-Abhängigkeit hast, mag unklar, voller Schuldgefühle und Zweifel sein. Es ist Zeit, offen und ehrlich darüber zu sprechen, ohne Vorwürfe an alle Beteiligten, sondern mit Mitgefühl und Klarheit.

Kurz zu mir: Ich bin nicht nur Bewusstseinstrainerin mit jahrelanger Erfahrung mit Süchtigen und Co-Abhängigen, sondern ich habe mich vor 6,5 Jahren (Stand 2024) selbst fast zu Tode getrunken und war im Nahtod. Somit weiß ich aus eigener Erfahrung, was Sucht bedeutet und was es mit der Familie oder Freunden macht. Ich muss anmerken, dass ich immer ehrlich bezüglich meines Konsums zu meinen Anvertrauten war und mir bewusst war, dass ich Hilfe benötige. Und glaube mir: **ich habe ALLES! versucht, um aus der Sucht zu kommen. Alles! Ohne Wenn und Aber**. Und das ist einer der Schlüssel für alle Süchtigen – auch für Dich als Co-Abhängiger.

Auch war Alkohol – wie bei fast allen Familien - in meiner Familie Thema, wo ich die Co-Abhängigkeit in vielen Rollen erlebt und gesehen habe. Mir war damals schon klar, dass alle in Therapie müssen, heute ist das der Systemische Ansatz, den damals keiner kannte.

Ich weiß aus erster Hand, was den Süchtigen umtreibt – die Scham, die Schuld, das Gefühl der Unzulänglichkeit. Ich habe selbst viele dieser Schritte durchlebt, und so sehe ich klar die Rahmenbedingungen, die für die Beteiligten notwendig sind. Co-Abhängigkeit kann nur geheilt werden, wenn jeder die eigene Verantwortung erkennt und übernimmt. **Doch das bedeutet nicht, dass Du den Süchtigen retten sollst – im Gegenteil, das wäre der falsche Weg. Stattdessen musst Du lernen, Dich selbst zu retten. Lerne radikal ehrlich und liebevoll zu Dir selbst zu sein.**

Ich will keinen klassischen Ratgeber schreiben, der Dir vorschreibt, was Du zu tun oder zu lassen hast. Ich will Dir helfen, die Dynamik Deiner Co-Abhängigkeit zu verstehen und die Rolle, die Du darin spielst. Er soll Dein persönlicher Wegweiser sein, der Dir hilft, Dich selbst aus dem Sog der Sucht herauszuziehen, auch wenn Du nicht diejenige bist, die trinkt oder konsumiert. Und ich möchte Dir einige Fakten mitgeben, die Du so noch nicht kanntest, besonders über den Süchtigen.

Ich gebe Dir tiefe Antworten auf Fragen, die vielleicht schon lange in Dir geschlummert haben. Fragen wie: Was macht die Co-Abhängigkeit mit mir? Wo beginne ich, mich selbst verlieren? Wie setze ich radikal liebevolle Grenzen? Soll ich helfen oder nicht?

Denn inmitten all dieser Verstrickungen ist es entscheidend, wieder zu Dir selbst zu finden.

Es gibt keinen einfachen Weg aus der Co-Abhängigkeit.
Aber es gibt einen Weg.
Und der beginnt bei Dir.

Dieser Ratgeber ist zum Auf- und Nachschlagen, Querlesen und inspirieren lassen!

Wundere Dich bitte nicht, wenn ich somit Inhalte wiederhole.

1. Co-Abhängigkeit – was ist das?

Ein paar Grundsatzinformationen, auf die ich kurz und dann dezidierter eingehe.

Das Thema ist komplex und oft tief in den Erfahrungen und Beziehungen Deiner Kindheit verwurzelt. Wenn Du Dich mit der Entstehung Deiner Co-Abhängigkeit auseinandersetzt, ist es wichtig, die grundlegenden Themen zu erkennen, die zu dieser Entwicklung geführt haben. Besonders die Art und Weise, wie sich diese Dynamiken in Deiner Kindheit herausgebildet haben, spielt eine entscheidende Rolle. Hier ist ein Überblick über zentrale Aspekte:

Was ist Co-Abhängigkeit?

Co-Abhängigkeit beschreibt eine ungesunde Beziehungsdynamik, in der eine Person übermäßig auf die Bedürfnisse und Probleme eines süchtigen Partners oder Familienmitglieds fixiert ist. Diese Person stellt ihre eigenen Bedürfnisse zurück, um dem Süchtigen zu helfen oder dessen Verhalten zu kontrollieren. Co-Abhängige opfern ihre eigene Identität und ihr Wohlbefinden, um die Sucht des anderen zu managen, zu kaschieren oder heilen zu wollen.

Co-Abhängigkeit kann sich im engen Zusammenleben mit einem uneinsichtigen Suchtkranken entwickeln. Du versuchst, dem Betroffenen unbedingt zu helfen und übernimmst die Verantwortung für alles, was der Kranke suchtbedingt nicht mehr hinbekommt. Dieses Verhalten führt dazu, dass die Suchterkrankung unnötig lange aufrechterhalten wird, und Du selbst kannst körperlich und psychisch erkranken. Kinder suchtkranker Eltern haben ein erhöhtes Risiko, selbst psychische Erkrankungen zu entwickeln.

Wie entwickelt sich Co-Abhängigkeit?

Co-Abhängigkeit entwickelt sich gerne in Familien oder Beziehungen, in denen Sucht eine Rolle spielt. Lies bitte das Kapitel zu „emotionaler Abhängigkeit", denn sie ist die Grundlage.
Schon ganz kurz erwähnt: Wir sind alle die ersten Lebensjahre abhängig von unseren Eltern und Vorbildern. Wir haben nicht gelernt, uns komplett von dieser Grundabhängigkeit zu lösen, so dass wir abhängig bleiben, ohne dass dies uns bewusst ist.

Hier sind einige Faktoren, die zur Entwicklung von Co-Abhängigkeit beitragen können:

➜ **Familiäre Prägung:** Wenn Du als Kind, das in einem süchtigen Umfeld aufgewachsen ist, hast Du früh gelernt, Dich um den Süchtigen zu kümmern und dessen Bedürfnisse zu priorisieren. Dieses Verhalten wird oft ins Erwachsenenalter übernommen. Und wir sind alle emotional vernachlässigt worden, der eine mehr, der andere weniger.

➜ **Emotionale Vernachlässigung:** Menschen, die in ihrer Kindheit emotionale Vernachlässigung erlebt haben, nehmen ihre eigenen Bedürfnisse nicht wahr und konzentrieren sich stattdessen auf die Bedürfnisse anderer.

➜ **Kontrollbedürfnis:** Du als Co-Abhängige versuchst, die Situation im Griff zu haben, um die negativen Auswirkungen der Sucht zu minimieren. Du glaubst, dass Du durch Dein Verhalten den Süchtigen ändern oder retten kannst.

➜ **Geringes Selbstwertgefühl:** Wenn Du ein geringes Selbstwertgefühl hast, fühlst Du Dich nur wertvoll, wenn Du anderen hilfst und gebraucht wirst. Du definierst Deinen Wert über Deine Fähigkeit, für andere da zu sein.

➜ **Vermeidung eigener Probleme:** Durch die Konzentration auf die Probleme des Süchtigen vermeidest Du, Dich mit Deinen eigenen Problemen und Gefühlen auseinanderzusetzen.

➜ **Kindliche Vermeidungsstrategien:**
  ○ **Emotionale Vermeidung:** In Deiner Kindheit hast Du gelernt, emotionale Konflikte oder Unstimmigkeiten zu vermeiden, um Harmonie zu bewahren oder unangenehmen Situationen zu entkommen. Diese Vermeidungsstrategien zeigen sich später in Deinem Leben in Form von Co-Abhängigkeit, da Du versuchst, Konflikte oder Probleme in Beziehungen zu kontrollieren oder zu lösen, um selbst emotionalen Schmerz zu vermeiden.
  ○ **Übermäßige Anpassung:** Du hast Dich den Bedürfnissen oder Wünschen anderer angepasst, um Anerkennung oder Liebe zu erhalten. Dieses Verhalten setzt sich in der Co-Abhängigkeit fort, indem Du versuchst, die Bedürfnisse oder Probleme anderer zu lösen, um Dich selbst als wertvoll oder geliebt zu erleben.

➜ **Entwicklung von Co-Abhängigkeit:**

- o **Mangel an gesunden Grenzen:** In Deiner Kindheit hast Du nie gelernt, gesunde Grenzlinien zu setzen. Es gab wenig Raum für Deine eigenen Bedürfnisse und Gefühle, während die Bedürfnisse der Erwachsenen in Deinem Umfeld im Vordergrund standen. Dies führt dazu, dass Du später in Beziehungen Schwierigkeiten hast, klare Schranken zu errichten und Deine eigenen Bedürfnisse angemessen zu vertreten.

- o **Erlernte Hilflosigkeit:** Wenn Du in Deiner Kindheit oft das Gefühl hattest, die Kontrolle über Deine Umgebung oder Deine Gefühle nicht zu haben, entwickelst Du eine Haltung der Hilflosigkeit. Diese Haltung zeigt sich in der Co-Abhängigkeit, indem Du versuchst, die Kontrolle über andere Menschen oder Situationen zu übernehmen, um das Gefühl der Machtlosigkeit zu kompensieren.

➜ **Die Rolle der Kindheitserfahrungen:**

- o **Familiendynamiken:** Die Art und Weise, wie Konflikte und Probleme in Deiner Familie gelöst wurden, beeinflusst, wie Du heute mit solchen Situationen umgehst. Wenn Konflikte nicht offen angesprochen wurden oder Du gelernt hast, Probleme durch „Schweigen" oder „Vermeidung" zu lösen, beeinflusst das Deine Neigung zur Co-Abhängigkeit.

- o **Vorbildverhalten:** Die Beziehungsmuster Deiner Eltern oder Bezugspersonen haben einen großen Einfluss auf Deine eigenen Beziehungsmuster. Wenn Du gesehen hast, wie Deine Eltern in ihren Beziehungen Probleme nicht offen besprochen oder vermieden haben, hast Du ähnliche Verhaltensweisen übernommen.

Warum ist Co-Abhängigkeit schädlich?

Co-Abhängigkeit ist vielseitig und oft unscheinbar in unserem Verhalten, da es vielen nicht bewusst ist, und so allen mehr schadet als wir denken. Da wir aus unserer Kindheit abhängiges Verhalten gewohnt sind, fällt uns unsere eigene Co-Abhängigkeit nicht auf. In unserer Gesellschaft sind Teile von co-abhängigem Verhalten sogar normal.

Hier sind einige der Hauptgründe für die Schädlichkeit:

→ **Vernachlässigung eigener Bedürfnisse:** Du vernachlässigst Deine eigenen physischen, emotionalen und mentalen Bedürfnisse. Dies führt zu massivem Stress, Erschöpfung und vielen oft nicht zuordenbaren gesundheitlichen Problemen. Und ich gebe zu, dies will kein Süchtiger. Und wenn doch, ist dies ein noch triftigerer Grund, ihn gehen zu lassen.

→ **Förderung der Sucht:** Durch das ständige Kümmern und Vertuschen förderst Du massiv, wenn auch ungewollt, die Sucht des anderen, da Du den Süchtigen vor den natürlichen Konsequenzen seines Verhaltens schützt. Und ich weiß, wie hart dies für Dich ist, weil Du ihn davor schützen willst. Und dass dies schwer für Dich ist! Daher jetzt schon: In jeder Situation ist es sinnvoll, anders zu handeln. Dennoch ist es Deine Aufgabe, nach Dir zu schauen. Damit hilfst Du dem anderen mehr als Du denkst.

→ **Übernahme seiner Verantwortung und Halten in seiner Sucht:** Durch Dein Helfen, Dein Kümmern nimmst Du ihm Teile seiner Verantwortung weg und hältst ihn damit in seiner Sucht gefangen. Hart - aber ehrlich und heilsam. **Nur er selbst kann aus seiner Sucht aussteigen. Du darfst ihn maximal begleiten, aber nichts abnehmen.**

→ **Emotionale Erschöpfung:** Co-Abhängigkeit führt zu Deiner emotionaler Erschöpfung, da Du ständig versuchst, die Situation zu kontrollieren und den Süchtigen zu unterstützen, ohne dabei auf Dich selbst zu achten.

→ **Verlust der eigenen Identität:** Du verlierst Deine eigene Identität und Deinen Lebenssinn, da Du Deine gesamte Energie und Aufmerksamkeit auf den Süchtigen richtest. Es ist Dir wichtiger, dass er gesund wird, anstatt dass Du gesund bleibst. Durch den Fokus auf den anderen wirst auch Du krank, denn er will oder kann meist nicht gesund werden – und es ist NICHT Deine Aufgabe, dass der andere gesund wird.

→ **Ungesunde Beziehungsmuster:** Co-Abhängigkeit schafft und verstärkt Brauch-Beziehungen, in denen beide Partner nicht auf Augenhöhe und unabhängig voneinander sind. Auch co-abhängiges Verhalten hält den Süchtigen in dieser ungesunden Beziehungskultur fest. Es sind Verhaltensweisen wie den anderen zu brauchen, nicht ohne ihn zu können oder permanent zu denken, dass wir dem anderen helfen müssen. Dazu gehört, den anderen nicht gehen lassen zu können wegen den Kindern, der Arbeit, den eigenen Firmen oder anderen materiellen Dingen im Außen.

Deine Vorteile, wenn der andere süchtig ist

→ Ich werde nicht verlassen.

→ Ich werde gebraucht.

→ Ich muss mich selbst nicht spüren.

→ Der Fokus kann beim anderen liegen und ich muss mich nicht mit meinen eigenen Themen beschäftigen.

→ Ich brauche meiner Trennungsangst/ Verlustangst nicht begegnen.

→ Ich muss meine Schuldgefühle/ meine Angst nicht fühlen

→ Ich werde von anderen in den Himmel gelobt, wie lieb ich bin, wie stark und wie viel ich aushalte.

→ Es fühlt sich vertraut und nach „Zuhause" an.

→ Ich bin wichtig und „unersetzbar".

WICHTIG:
Mach Dir klar: Du bist genauso süchtig wie Dein Partner. Du brauchst ihn! Ja, das sind harte Worte, aber es ist so. Anstatt den Fokus auf Dich zu setzen, setzt Du ihn auf Deinen Partner, auf seine Probleme, auf seine Gesundung. Dadurch bleibst Du süchtig und lenkst von Deinen Problemen ab. Du bist im außen statt innen bei Dir und gehst aktiv über Deine Grenzen und verletzt Dich selbst.

Und genau dabei hilft Dir dieser Ratgeber.

Was ist für Dich in Deiner Co-Abhängigkeit wichtig

→ **Heile den Menschen in Dir**

Deine Co-Abhängigkeit zeigt Dir Deine **Werte und Muster**. Du musst genau hinschauen, wo Du Dich klar abgrenzen musst. Es kann sein, dass es Dir schwerfällt, Grenzen zu ziehen, doch das ist in Ordnung. **Lerne es langsam.** Setze jeden Tag eine neue Grenze. Oft rate ich zu **radikalen Schnitten,** die nötig wären. Ich weiß auch, dass es vielen schwer fällt. **Daher:** Du musst sie nicht sofort umsetzen, aber denke darüber nach. **Öffne den Raum für neue Möglichkeiten. Das ist der Trick!**

Beispiel: Als ich endlich allen eingestand, dass ich mein Haus verkaufen müsse, um aus der Sucht zu kommen, wurde ich frei von diesem Druck und ermöglichte mir Freiraum. Durch diesen Freiraum des Erlaubens war der Druck weg, so dass ich frei entscheiden konnte, was ich wirklich tun muss, um aus der Sucht zu kommen. Und siehe da: ich habe es nie verkauft. Unsere Gedanken sind wie Gefängnisse, aus denen wir austreten müssen.

Und nun stell Dir vor, Du lässt den anderen frei – **ohne Angst, ohne Abwertung, ohne Groll.** *Es fällt Dir schwer, ich weiß, spüre die* **neue Leichtigkeit** *und öffne diesen Raum in Deine Gedanken als Raum der Möglichkeiten.*

→ **Auch Du brauchst etwas – auch Du bist abhängig**

Du kümmerst Dich um andere, glaubst an Spiritualität oder suchst nach Selbstliebe. Wir haben verlernt, uns auf uns selbst zu konzentrieren, und haben uns dabei verloren. Der **Spiegel** zeigt Dir: **Geh zurück zu Dir selbst.**

Indem Du Dich um Dich selbst kümmerst, hilfst Du auch dem Süchtigen. **Vertraue darauf**, das Richtige zu tun – für Dich und für den anderen. **Nur übergriffige Menschen** meinen, andere retten oder helfen zu müssen. Dies ist gesellschaftlich akzeptiert wie bei Helikopter-Eltern oder dem Helfersyndrom. Besonders in der Co-Abhängigkeit ist es wichtig, klar für Deine eigenen Bereiche einzustehen und diese nach außen klar zu umreißen. Ich selbst kann klare Grenzlinien ziehen, manchmal mache ich noch zu viel für andere. Doch das ist okay für mich, denn ich prüfe, ob es für mich passt. Meine Motivation ist die, dass ich es mir für mich gewünscht hätte, dass andere dieses für mich getan hätten. Wichtig ist mir, dass ich es **ohne Erwartungen mache und mit einem Nein umgehen kann**.

➔ **Co-Abhängigkeit als Sparringspartner**
Deine Co-Abhängigkeit ist Dein **aktueller Sparringspartner**. Du brauchst immer jemanden, an dem Du wachsen kannst. Ich weiß, dass willst Du vielleicht nicht hören – das wollte ich auch nicht. Doch nach meinem Dualseelen-Prozess und meiner eigenen Sucht weiß ich umso mehr, dass diese Worte wahr sind. Du wirst eines Tages auch sagen: **„Sie hatte recht."**
Um in unserem Leben weiterzukommen, stark zu werden, benötigen wir Dinge im Außen, ich nenne sie Sparringspartner, denn z. B. beim Boxsport ist uns dies klar: Der Boxpartner bzw. Trainer, der immer mehr draufhaut, um den Boxer stark zu machen. Wie wird ein Boxer stark, wenn er keinen besseren Sparringspartner hat? Gar nicht. Und so ist es mit Deiner Co-Abhängigkeit, dass Du durch Deine kindlichen Wunden, Deine Urwunden und alten Verletzungen gehst, um diese zu heilen.

Fangen wir in Deiner Kindheit und in der des Süchtigen an, damit Du leichter verstehst, wie Eure Süchte entstanden sind.

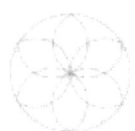

2. Deine emotionale Abhängigkeit – Basiswissen

Wir sind alle emotional abhängig, auch wenn uns das meist nicht bewusst ist. Daher ist es besonders wichtig, Dich diesem Thema mit Liebe und proaktiv zu stellen. Deine emotionale Abhängigkeit wirkt sich **negativ auf all Deine Lebensbereiche aus, besonders auf Deine Co-Abhängigkeit.**

Ich habe dazu ein wunderbares Webinar gehalten, welches Du kostenfrei anschauen kannst unter *https://aufge-wacht.de/webinar-emotionale-abhaengigkeit/.* *Auch auf meinem YouTube Kanal oder in meinem Blog findest Du viele weitere Infos.*

Bevor wir starten, noch ein wichtiger Hinweis:
Es gibt eine Studie, die belegt, dass für unser Glück gesunde Beziehungen die Grundvoraussetzung sind. Wenn wir unser Leben und die Welt anschauen, wissen wir, warum wir so viel Streit, Missgunst und Krieg haben: wir hatten alle keine gesunden nährenden, auf unseren Bedürfnissen basierten Beziehungen in unserer Kindheit, keine gesunde Erziehung oder gute Vorbilder.

Was ist das überhaupt?

Emotionale Abhängigkeit beschreibt einen psychischen Zustand, in dem eine Person ihr Wohlbefinden und Selbstwertgefühl stark von einer anderen Person abhängig macht. Es geht darum, dass man das Gefühl hat, ohne die Bestätigung, Anerkennung oder Zuneigung dieser anderen Person nicht glücklich oder zufrieden sein zu können.

Aus einem Interview von Gerald Hüter, Deutschlands bekanntester Hirnforscher:
„Solange ich meine Grundbedürfnisse nur ersatzweise gestillt habe, durch Einkaufen, durch Fußball gucken, durch Karriere machen oder Geld verdienen und solange ich meine Grundbedürfnisse nur ersatzweise stille, bleibe ich im tiefsten Inneren ein Bedürftiger. Und als solcher bin ich dann einer, der immer was von anderen haben will. Bedürftige wollen immer was von anderen haben. Die wollen Zuwendung haben, die wollen Einfluss haben, die wollen Macht haben. Anerkennung brauchen heutzutage sehr viele, immer sollen die anderen sie anerkennen und wertschätzen. Das ist alles Ausdruck von Bedürftigkeit, leider. Und wenn ich jetzt kein Bedürftiger mehr wäre,

Kapitel 2: Emotionale Abhängigkeit

bräuchte ich das alles nicht mehr. Und wenn ich das alles nicht mehr brauche, dass ich immer was von anderen haben will, dann wäre der Zeitpunkt..."

Wie kommt es dazu? Einige Gründe

Emotionale Abhängigkeit entsteht in der Kindheit. Viele von uns wurden nicht bedürfnisorientiert oder bindungsorientiert erzogen. Wir haben nicht die bedingungslose Liebe von unseren „Göttern in Weiß" – unseren Eltern und später der Gesellschaft – erfahren. Stattdessen wurden wir in Schubladen gesteckt, damit wir lernen, zu funktionieren. Schule und Kindergarten waren oft nicht darauf ausgerichtet, unsere Individualität und unsere Entwicklungsreife zu berücksichtigen.

Wir leben in einer toxisch-narzisstischen Gesellschaft, die nicht bedingungslose Liebe lehrt und anwendet, sondern genau das Gegenteil. Als Kinder sind wir bis zum 12. Lebensjahr abhängig von unseren „Göttern in Weiß", was wirklich eine sehr lange Zeit ist. In dieser Zeit lernen wir, nicht auf unser Bauchgefühl zu hören, sondern auf diese Autoritätspersonen.

Während dieser prägenden Jahre erleben wir oft Mikrotraumen und „weiße Gewalt" – subtile, oft unsichtbare Formen von Missbrauch und Vernachlässigung. Diese Erfahrungen prägen unser Selbstbild und unser Gefühl der Sicherheit in Beziehungen. Wir lernen, dass unsere Bedürfnisse weniger wichtig sind als die Erwartungen und Anforderungen unserer Eltern und der Gesellschaft. Dies kann zu einem tief verwurzelten Gefühl der Unsicherheit und einem Mangel an Selbstvertrauen führen, was wiederum die Grundlage für emotionale Abhängigkeit im Erwachsenenalter legt.

1. **Die Suche nach Erfüllung:** Wir Menschen haben ein grundlegendes Bedürfnis nach Anerkennung, Zugehörigkeit, Liebe, Bestätigung, Zärtlichkeiten und Sexualität. Diese Bedürfnisse sind tief in uns verankert und spielen eine zentrale Rolle in unserem emotionalen und psychischen Wohlbefinden. Wir sehnen uns nach einem Partner, der uns glücklich macht, weil wir glauben, dass wir allein nicht in der Lage sind, diese Erfüllung zu finden. Wir schaffen das nicht aus uns alleine heraus.

   Ein Beispiel: Wir suchen nach dem perfekten Job, nach der idealen Herausforderung, in der Hoffnung, dass diese uns die gewünschte Bestätigung und Zufriedenheit bringen. Doch oft bleiben wir in diesem unaufhörlichen Suchen stecken und finden nie wirklich das, was wir uns erhoffen.

Anmerkung: Ich unterscheide zwischen dem natürlichen, gesunden Austausch von Zärtlichkeiten oder Sexualität und dem ungesunden „Brauchen" von Sexualität, welches das Bedürfnis der Leere füllen soll.

2. **Fehlende emotionale Erfüllung in der Kindheit:** Wer in der Kindheit keine ausreichende emotionale Unterstützung und Zuwendung erhalten hat, sucht diese oft im Erwachsenenalter bei anderen. Sie hoffen, die Lücken zu füllen, die durch mangelnde elterliche Fürsorge entstanden sind.

3. **Der Umgang mit negativen Gefühlen:** Ein weiterer Aspekt der emotionalen Abhängigkeit ist die Unfähigkeit, mit negativen Gefühlen alleine zurechtzukommen. Menschen, die emotional abhängig sind, haben oft Schwierigkeiten, ihre eigenen negativen Emotionen zu verarbeiten und zu bewältigen. Sie sind auf die Unterstützung und den Trost anderer angewiesen, um sich besser zu fühlen. Dies kann zu einer starken Abhängigkeit von der Präsenz und dem Wohlwollen anderer führen, da sie ohne diese Unterstützung das Gefühl haben, ihre negativen Emotionen nicht bewältigen zu können.

4. **Ungeklärte persönliche Bedürfnisse:** Wenn Menschen ihre eigenen emotionalen Bedürfnisse nicht klar erkennen oder nicht wissen, wie sie diese selbst erfüllen können, suchen sie oft nach Erfüllung dieser Bedürfnisse durch andere. Das kann zu einer Abhängigkeit führen, da sie glauben, dass nur andere ihre emotionalen Bedürfnisse befriedigen können.

5. **Übermäßige Idealisierung von Beziehungen:** Manche Menschen haben unrealistische Erwartungen an Beziehungen und glauben, dass ihr Partner sie vollständig glücklich machen und alle ihre emotionalen Bedürfnisse erfüllen muss. Diese übermäßige Idealisierung kann zu einer Abhängigkeit führen, da sie sich stark auf ihren Partner verlassen, um sich gut zu fühlen.

6. **Verlustangst:** Menschen, die Angst haben, verlassen oder abgelehnt zu werden, können emotionale Abhängigkeit entwickeln. Diese Angst kann aus früheren Erfahrungen von Verlust oder Verlassen werden stammen und führt dazu, dass sie sich stark an andere klammern.

7. **Alle Urängste,** die wir in uns haben, verstärken unsere emotionale Abhängigkeit, Solange Du Dir dieser Urängste nicht bewusst bist, triggern sie Deine Abhängigkeit.

Nach dem Modell von Varda Hasselmann, Frank Schmolke gibt es 7 Urängste des Menschen mit verschiedenen Ausprägungen.
- o Selbstverleugnung = Angst vor Verlust
- o Selbstsabotage = Angst vor Erfolg
- o Märtyrertum = Angst vor Wertlosigkeit
- o Starrsinn = Angst vor Veränderung
- o Gier = Die Angst vor Mangel
- o Hochmut = Angst vor Verletzung
- o Ungeduld = Angst etwas zu versäumen

Abschließende Bemerkung

Es ist wichtig zu betonen, dass es einen natürlichen und gesunden Austausch
von Zärtlichkeiten und Sexualität gibt, der nicht mit emotionaler Abhängigkeit
gleichzusetzen ist. In einer gesunden Beziehung teilen Partner gegenseitige Zuneigung und Unterstützung, ohne dass einer von beiden emotional abhängig
ist. Emotionale Abhängigkeit hingegen ist durch ein Ungleichgewicht und ein
übermäßiges Bedürfnis nach Bestätigung und Unterstützung gekennzeichnet,
dass das eigene Wohlbefinden und die eigene Identität stark beeinträchtigen
können.

Warum wirkt es sich negativ auf alle Bereiche aus?

Emotionale Abhängigkeit hat weitreichende negative Auswirkungen auf ver-
schiedenste Lebensbereiche. Hier sind einige der Hauptgründe:

➜ **Beziehungen:** In Beziehungen führt emotionale Abhängigkeit zu einem
Ungleichgewicht, da eine Person ständig die Bestätigung und Unterstützung der anderen sucht. Überforderung und Erschöpfung kann die Reaktion des Partners sein. Die abhängige Person fühlt sich möglicherweise
unsicher und hat Angst vor Ablehnung oder Verlassen werden, was zu
Eifersucht, Kontrolle und übermäßigem Klammern führen kann.

➜ **Selbstwertgefühl:** Da das Selbstwertgefühl stark von der Bestätigung
durch andere abhängt, kann es bei fehlender Anerkennung leicht zu einem
Zusammenbruch des Selbstwerts kommen. Dies führt zu einem Teufelskreis, in dem die Person immer mehr Bestätigung von außen sucht und
dabei immer unsicherer wird.

→ **Beruf und Karriere:** Emotional abhängige Menschen haben Schwierigkeiten, ihre eigenen Fähigkeiten und Talente anzuerkennen. Sie sind stark auf die Anerkennung und das Lob von Kollegen und Vorgesetzten angewiesen. Berufliche Unsicherheit und mangelndes Selbstvertrauen sind die Folgen, was die berufliche Entwicklung und Karrierechancen einschränkt.

→ **Persönliches Wachstum:** Emotionale Abhängigkeit hindert Menschen, sich selbst zu entdecken und ihre eigenen Stärken und Schwächen zu erkennen. Sie investieren ihre Energie in die Bestätigung durch andere, anstatt an ihrer persönlichen Entwicklung und Selbstverwirklichung zu arbeiten. Persönliches Wachstum und Erfüllung werden stark eingeschränkt.

→ **Psychische Gesundheit:** Die ständige Abhängigkeit von der Bestätigung und Anerkennung anderer führt zu psychischen Belastungen wie Angstzuständen, Depressionen und Stress. Das Gefühl, nicht gut genug zu sein oder ständig Angst vor Ablehnung zu haben sind weitere Folgen.

Fazit

Ich kann das Thema der emotionalen Abhängigkeit nur teilweise anreißen, denn es ist ein komplexes Phänomen, das tief in unserer Erziehung und gesellschaftlichen Prägung verwurzelt ist. Sie hat fatale negative Auswirkungen auf unsere Beziehungen, unser Selbstwertgefühl, unsere berufliche Entwicklung und unsere psychische Gesundheit. Es ist wichtig, sich dieser Abhängigkeit bewusst zu werden und daran zu arbeiten, unabhängiger und selbstbewusster zu werden, um wahrhaftig authentisch zu werden. Es geht nicht darum, alles auflösen zu müssen, sondern sich immer mehr bewusst zu werden,

Kapitel 2: Emotionale Abhängigkeit

2.1 Emotionale Abhängigkeit ist die Basis von Deiner Co-Abhängigkeit

Emotionale Abhängigkeit stellt die Grundlage für Co-Abhängigkeit dar, und das hat tiefgreifende Auswirkungen auf Dein Leben und Deine Beziehungen. Lass uns erkunden, warum das so ist und wie diese Abhängigkeit Deine Dynamiken in Beziehungen beeinflussen kann.

Die Rolle der emotionalen Abhängigkeit

Emotionale Abhängigkeit entsteht, wenn Du Dein eigenes Wohlbefinden und Deine Gefühle stark von der Bestätigung und dem Verhalten anderer Menschen, insbesondere von Deinen nahestehenden Personen, abhängig machst. Diese Abhängigkeit kann durch verschiedene Faktoren beeinflusst werden, wie etwa Kindheitserfahrungen oder frühere Beziehungen. Wenn Du emotional abhängig bist, erlebst Du oft folgende Aspekte:

→ **Selbstwert aus externen Quellen ziehen:** Wenn Du emotional abhängig bist, hängt Dein Selbstwert von der Zuneigung, Anerkennung oder dem Verhalten anderer Menschen ab. Dies bedeutet, dass Du Dich nur dann gut fühlst, wenn Du positive Bestätigung von anderen erhältst. Fehlt diese Bestätigung, kann Dein Selbstwert erheblich leiden. Diese Dynamik kann Dich dazu bringen, Dich in ungesunde Beziehungen zu verstricken, um diese emotionale Bestätigung zu erhalten.

→ **Angst vor Ablehnung und Verlust:** Deine emotionale Abhängigkeit kann dazu führen, dass Du übermäßige Angst vor Ablehnung oder Verlust entwickelst. Du fürchtest, dass Du ohne die Zuneigung und Unterstützung der anderen Person nicht bestehen kannst. Diese Angst kann Dich dazu bringen, alles zu tun, um die Beziehung aufrechtzuerhalten, selbst wenn sie schädlich für Dich ist.

→ **Unkontrollierbare emotionale Schwankungen:** Emotionale Abhängigkeit führt zu starken emotionalen Schwankungen. Dein emotionales Wohlbefinden wird von den Launen und dem Verhalten anderer beeinflusst. Solche Schwankungen können sich auf Dein gesamtes Leben auswirken und zu einem instabilen emotionalen Zustand führen, in dem Du Schwierigkeiten hast, Deine eigenen Gefühle und Bedürfnisse zu regulieren.

Verbindung zur Co-Abhängigkeit

Die emotionale Abhängigkeit bildet die Grundlage für Co-Abhängigkeit, weil sie Dich in Muster von Verhaltensweisen und Einstellungen führt, die Deine Beziehungen stark belasten können. Hier sind einige Möglichkeiten, wie emotionale Abhängigkeit zur Co-Abhängigkeit führen kann:

→ **Verlust der eigenen Identität:** Wenn Du emotional abhängig bist, kann es passieren, dass Du Deine eigene Identität und Bedürfnisse zugunsten der Beziehung opferst. Du versuchst, die Bedürfnisse und Wünsche der anderen Person zu erfüllen, um deren Zuneigung und Bestätigung zu erhalten, und verlierst dabei Dein eigenes Selbst aus den Augen. Diese Vernachlässigung der eigenen Bedürfnisse führt zur Co-Abhängigkeit, bei der Du Dich vollständig auf den Partner fokussierst und Deine eigene Identität aufgibst.

→ **Vermeidung von Konflikten:** Deine emotionale Abhängigkeit führt dazu, dass Du Konflikte vermeidest, um die Beziehung nicht zu gefährden. Du versuchst, alles in Deiner Macht Stehende zu tun, um die Harmonie aufrechtzuerhalten und die Beziehung zu retten, selbst wenn das bedeutet, dass Du Deine eigenen Gefühle und Bedürfnisse unterdrückst. Diese Konfliktvermeidung ist ein Kennzeichen von Co-Abhängigkeit und führt zu ungesunden Beziehungsmustern.

→ **Übermäßige Verantwortung für das Wohlbefinden des Partners:** In einer emotional abhängigen Beziehung neigst Du dazu, übermäßig Verantwortung für das Wohlbefinden Deines Partners zu übernehmen. Du fühlst Dich verpflichtet, deren Probleme zu lösen oder denjenigen „zu retten", um die Beziehung aufrechtzuerhalten und Dich selbst als wertvoll zu erleben. Diese übermäßige Verantwortung für den Partner ist ein zentrales Merkmal von Co-Abhängigkeit und belastet Deine emotionale und psychologische Gesundheit erheblich.

Zusammengefasst: Emotionale Abhängigkeit ist u. a. die Grundlage für Co-Abhängigkeit, weil sie Deine Wahrnehmung von Dir selbst und Deinen Beziehungen stark beeinflusst. Du setzt Deine eigene emotionale Stabilität in Abhängigkeit von anderen und neigst dazu, Dich selbst und Deine Bedürfnisse zu vernachlässigen. Das Verständnis dieser Dynamik ist der erste Schritt, um Dich aus der Co-Abhängigkeit zu befreien und gesunde, ausgewogene Beziehungen aufzubauen.

Was kannst Du tun? Schnellüberblick

(weitere vielfältige Impulse folgen in den nächsten Kapiteln, im Buch 2.0 oder meiner Akademie)

1. **Urwunden heilen:** Arbeite daran, Deine tiefen emotionalen Wunden aus Deiner Kindheit zu erkennen und zu heilen. Dies kann sich schwer anfühlen und Dir Angst machen, ich kann Dir sagen: es lohnt sich. Denn unter diesen Wunden wirst Du Deine eigenen Urwunden finden, die sich in allen Lebensbereichen bemerkbar machen.

   Definition Urwunde: Die Urwunde beschreibt tiefsitzende emotionale Verletzungen, die in der frühen Kindheit entstanden sind und die wir sozusagen mit ins Leben bekommen haben. Diese Wunden prägen unser gesamtes Leben und beeinflussen unser Verhalten, unsere Beziehungen und unser Selbstbild.

2. **Eigenmacht lernen:** Entwickle ein starkes Gefühl der Eigenmacht und Unabhängigkeit. Lerne, Deine eigenen Entscheidungen zu treffen und Verantwortung für Dein eigenes Wohlbefinden zu übernehmen. Gerade wenn Du abhängig oder süchtig bist, ist dies der Schlüssel zu Deiner Heilung.

3. **Selbstliebe und Selbstschutz:** Übe Selbstliebe, indem Du Dir selbst gegenüber mitfühlend und verständnisvoll bist. Setze klare Schranken nach außen und gib Regeln vor, besonders gegenüber toxischen und narzisstischen Personen, um Dich selbst zu schützen.

4. **Grenzen setzen:** Lerne, gesunde Rahmenbedingungen und Regeln zu definieren und diese konsequent zu wahren. Dies ist wichtig, um Deine emotionale und psychische Gesundheit zu schützen. Weiterhin bleibst Du Dir selbst treu und signalisierst allen, dass Du Dir selbst die wichtigste Person bist, und dass Du es Dir wert bist, dass man Dich achtet.

5. **Deine Ur-Liebe finden:** Finde die tiefe, bedingungslose Liebe in Dir selbst. Diese Liebe ist unabhängig von äußeren Umständen und gibt Dir ein starkes Fundament für ein erfülltes Leben.

6. **Anbindung und Sehnsucht stillen:** Schaffe Verbindungen zu Menschen, die Dich bedingungslos akzeptieren und unterstützen. Lerne, Deine Sehnsucht nach Zugehörigkeit und Anerkennung auf gesunde Weise zu stillen, indem du sie in Dir selbst findest.

7. **Verlustängste und Bindungsängste auflösen:** Arbeite daran, Ängste vor Verlust und Bindung zu erkennen und zu überwinden. Dies fällt anfangs schwer, wird immer leichter und die Erfolge lassen sich sehen. Danach denkst Du Dir, warum Du dies nicht schon früher angegangen bist.

8. **Traumabonding auflösen:** Erkenne und löse traumatische Bindungen, die aus negativen Kindheitserfahrungen resultieren, gerade durch narzisstische oder toxische Elternteile. Siehe dazu nächstes Kapitel.

9. **Deine eigenen Bedürfnisse erkennen und einfordern:** Deine eigenen Bedürfnisse wurden als Kind tief verschüttet und ignoriert, so dass es uns schwerfällt, diese zu finden und zu äußern. Deine eigenen Gefühle sind der Weg zu Deinen Bedürfnissen. Nimm Dir dazu gerne die „Gefühlsgiraffe" von der Gewaltfreien Kommunikation.

Ein extrem wichtiger Aspekt, daher habe ich diesen als extra Punkt:

Was ist Traumabonding und warum wiederholen wir dieses für uns negative Verhalten?

Traumabonding, auch als Traumabindung bekannt, beschreibt die emotionale Bindung, die Du in einer missbräuchlichen Beziehung entwickeln kannst, meist in Deiner Kindheit durch die Eltern oder einen Elternteil. Diese Bindung entsteht durch den wiederholten Zyklus von Missbrauch und anschließender Zuneigung oder Entschuldigung, wodurch Du eine starke emotionale und psychologische Abhängigkeit von diesem Menschen entwickelst. Es ist wie Zuckerbrot und Peitsche, und Du hoffst nach jeder Entschuldigung oder positivem Verhalten, dass dieser Mensch sich ändert oder sieht, dass Du Dich geändert hast und dass danach alles gut wird. Dieses kindliche Urhoffung ist die Grundlage für viele weitere toxische Partner, in allen Lebensbereichen.

Wir saugen dieses negative Verhalten wie Muttermilch auf und denken, dass dies ein normales Verhalten ist. Wir finden viele Ausreden – so auch schon Deine Eltern. Diese negativen Ketten bzw. Bänder in ihrer wahren fatalen Tiefe und Auswirkungen zu sehen, habe ich erst im Laufe meiner langjährigen Arbeit als Bewusstseinstrainerin gesehen.

Um es Dir deutlich zu machen, ziehe ich hier ein paar Parallelen zwischen Traumabonding, Sucht und Co-Abhängigkeit:

1. **Intensive emotionale Höhen und Tiefen:**
   - **Co-Abhängigkeit:** Du erlebst extreme emotionale Schwankungen durch Phasen von Missbrauch oder Ablehnung, gefolgt von Momenten der Zuneigung oder Versöhnung. Diese Zyklen verstärken Deine emotionale Bindung und Abhängigkeit, besonders in Deinen frühen Jahren.
   - **Sucht:** Ähnlich wie bei einer Sucht erlebst Du intensive Hochs (durch den Konsum von Suchtmitteln) und Tiefs (durch Entzug oder das Fehlen des Suchtmittels).
   - **Traumabonding:** In Traumabonding-Beziehungen erlebst Du ebenfalls starke emotionale Schwankungen durch Phasen von Missbrauch, gefolgt von Momenten der Zuneigung oder Versöhnung. Diese Zyklen erzeugen eine tiefe emotionale Bindung und Abhängigkeit, die durch die extremen Höhen und Tiefen verstärkt werden.

2. **Chemische Reaktionen im Gehirn:**
   - **Co-Abhängigkeit:** Während der Phasen der Zuneigung oder Versöhnung schüttet Dein Gehirn Endorphine und Dopamin aus, die Glücksgefühle erzeugen. Dies ähnelt den chemischen Reaktionen, die durch Drogenkonsum ausgelöst werden. Erinnerst Du Dich an die Momente, in denen Du als Kind hofftest, dass nun alles gut wird und Du bedingungslose Liebe erfährst? Doch dann kam nach einiger Zeit wieder Ablehnung oder Liebesentzug, und das Muster begann von neuem.
   - **Sucht:** Suchtmittel wie Drogen oder Alkohol lösen die Ausschüttung von Dopamin und anderen Neurotransmittern aus, die ein intensives Glücksgefühl erzeugen, welches Du immer wieder erleben möchtest.
   - **Traumabonding:** Während der Phasen der Zuneigung oder Versöhnung schüttet Dein Gehirn ähnliche Neurotransmitter wie Dopamin aus, die kurzfristig Glücksgefühle erzeugen. Diese Reaktionen verstärken die emotionale Bindung und tragen dazu bei, dass Du immer wieder in die missbräuchliche Beziehung zurückkehrst, obwohl Du weißt, dass sie Dir schadet.

3. **Zwanghaftes Verhaltensmuster:**
   - **Co-Abhängigkeit:** Trotz des Wissens um den Schaden, den die Beziehung verursacht, fühlst Du Dich gezwungen, in der Beziehung zu

bleiben. Die Angst vor dem Verlust des Partners und die Sehnsucht nach den „guten Zeiten" halten Dich gefangen. Als Kind konntest Du nicht weggehen. Heute projizierst Du Deine kindlichen Hoffnungen auf diesen Partner.

- o **Sucht:** Trotz des Bewusstseins über die negativen Konsequenzen des Suchtverhaltens (wie gesundheitliche Schäden oder soziale Isolation) fühlst Du Dich gezwungen, weiterhin die Suchtmittel zu konsumieren.

- o **Traumabonding:** Trotz des Wissens um die Schäden, die die missbräuchliche Beziehung verursacht, fühlst Du Dich gezwungen, in der Beziehung zu bleiben. Die Angst vor dem Verlust des Partners und die Sehnsucht nach den „guten Zeiten" halten Dich gefangen, selbst wenn Du erkennst, wie schädlich die Beziehung für Dich ist.

4. Entzugserscheinungen und Rückfälle:

- o **Co-Abhängigkeit:** Beim Versuch, die Beziehung zu verlassen, kannst Du intensive emotionale und körperliche Entzugserscheinungen erleben, ähnlich wie bei einer Drogensucht. Diese Entzugserscheinungen führen oft zu Rückfällen, bei denen Du in die missbräuchliche Beziehung zurückkehrst.

- o **Sucht:** Beim Versuch, mit dem Suchtmittel aufzuhören, erlebst Du ebenfalls Entzugserscheinungen, die so intensiv sind, dass sie oft zu Rückfällen führen.

- o **Traumabonding:** Beim Versuch, die missbräuchliche Beziehung zu beenden, kannst Du ebenfalls intensive emotionale und körperliche Entzugserscheinungen erleben. Diese führen häufig zu Rückfällen, bei denen Du in die Beziehung zurückkehrst, da die Entzugserscheinungen zu überwältigend sind.

5. Isolierung und Scham:

- o **Co-Abhängigkeit:** Du fühlst Dich oft isoliert und schämst Dich für Deine Situation, was es Dir schwer macht, Hilfe zu suchen oder die Beziehung zu beenden. Diese Scham und Isolation schwächen Dich weiter und halten Dich in der negativen Beziehung gefangen – ähnlich wie es bei Deiner Kindheit der Fall war.

- o **Sucht:** Menschen mit Suchtproblemen isolieren sich häufig und schämen sich für ihr Verhalten, was die Suche nach Unterstützung erschwert.

- o **Traumabonding:** Du fühlst Dich oft isoliert und schämst Dich für Deine Situation, was es Dir schwer macht, Hilfe zu suchen oder die

Beziehung zu beenden. Diese Scham und Isolation verstärken sich durch die wiederholten emotionalen Höhen und Tiefen und halten Dich in der missbräuchlichen Beziehung gefangen.

Diese Parallelen verdeutlichen, warum Co-Abhängigkeit, Sucht und Traumabonding so schwer zu durchbrechen sind und warum es wichtig ist, diese Themen eingehend zu beleuchten. Es ist ein komplexes Zusammenspiel von emotionalen und psychologischen Faktoren, das oft weitreichende Auswirkungen auf Dein Leben hat. Ich kann dieses Thema nur anreißen, da es einen umfassenden Rahmen erfordert, der in einem weiteren Buch ausführlich behandelt werden könnte.

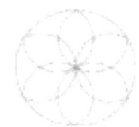

2.2 Die 3 kindlichen Vermeidungsstrategien

Wie entsteht eine kindliche Vermeidungsstrategie?

Eine kindliche Vermeidungsstrategie entwickelt sich als Reaktion auf wiederholte negative Erfahrungen, die Du als Kind gemacht hast, und dient Dir, Deinen emotionalen Schmerz oder unangenehme Situationen zu vermeiden. Je schwerer die Traumen für Dich wiegen, desto eher spaltest Du Persönlichkeitsanteile oder Seelenanteile ab. Das kennen wir oft von Borderlinern, ADHSlern mit ihren Wutausbrüchen oder (besonders bekannt) Schizophrenen. Jedoch haben wir alle abgespaltene Persönlichkeits- oder Seelenanteile. Wenn Du dies erkennst, dann kannst Du daran arbeiten und diese Anteile wieder integrieren.

Relevant sind nicht nur die „schweren großen Traumen" und Deine vielen harten negativen Erfahrungen, sondern oder gerade besonders die ganzen kleinen Mikrotraumen, die Du als Kind erlebt hast. Besonders die weiße Gewalt ist hier zu erwähnen.

Erklärungen:

„schwere großen Traumen" = Gewalt, Schläge, Vergewaltigung, Liebesentzug, Freiheitsentzug, zu früh ins Bett schicken, allein daheim lassen etc.

Mikrotraumen: Stell Dir vor: Deine Mama steht am Herd, hat Stress, weil sie für 20 Personen kocht, Du bist aus der Liebe gefallen als 2jähriges Kind und willst umarmt werden – Deine Ma sagt gestresst „Nein." Du als Kind beziehst dieses Nein auf Dich und kannst es nicht verstehen. Dies kann bei Dir ein Mikrotrauma auslösen, an welches Du Dich nicht erinnerst, die dennoch in Deinem System gespeichert sind.

Kumulation von Mikrotraumen: viele kleine Mikrotraumen ballen sich und auch hier spaltest Du Dinge ab oder gehst in Vermeidungsverhalten, weil es Dir weh tut

Weiße Gewalt = versteckte Gewalt meist verbaler Natur, die schwer sichtbar ist und meistens nur gegen Dich gerichtet ist, wie Sätze „Stell Dich nicht so an.", „Sei doch nicht so.", „Ich meine es doch nur gut." Dabei wird Dir jedes Mal ein Messer in den Rücken gerammt, und es tut Dir jedes Mal weh, was Dich langfristig zermürbt. Was anfangs noch lustig erscheint, ist wie ein steter Tropfen, der den Stein höhlt. Es ist subtil, für Außenstehende meist nicht greifbar.

Wie wirkt sich Deine kindliche Vermeidungsstrategie auf Deine Co-Abhängigkeit aus

Co-Abhängigkeit kann sich aus einer kindlichen Vermeidungsstrategie entwickeln und ist häufig das Ergebnis wiederholter negativer Erfahrungen in der Kindheit. Diese Erfahrungen beeinflussen tiefgreifend Deine Beziehungsmuster und Dein Verhalten in späteren Beziehungen. Wenn Du emotional abhängig bist, neigst Du dazu, Vermeidungsverhalten zu zeigen, um unangenehme Situationen oder emotionalen Schmerz zu vermeiden. Hier sind einige Faktoren, die zur Entstehung von Co-Abhängigkeit beitragen können:

➜ **Unsichere Bindung:** Wenn Du in Deiner Kindheit keine sichere Bindung zu Deinen primären Bezugspersonen entwickelt hast, neigst Du zu Vermeidungsverhalten. Wenn Deine Eltern emotional nicht verfügbar waren oder inkonsistent auf Deine Bedürfnisse reagierten, hast Du gelernt, Deine eigenen Bedürfnisse und Emotionen zu unterdrücken und Situationen zu vermeiden, die potenziell zu Ablehnung oder Vernachlässigung führen könnten. Diese Muster setzen sich in späteren Beziehungen fort, in denen Du Schwierigkeiten hast, Dich gesund abgrenzen zu können, Deine eigenen Werteregeln aufzustellen und Dich selbst zu behaupten.

➜ **Erfahrungen mit Zurückweisung oder Kritik:** Wenn Du wiederholt Ablehnung, Kritik oder Bestrafung erfahren hast, beginnst Du, Situationen zu meiden, in denen Du glaubst, dass diese negativen Erfahrungen wiederholt werden könnten. Dies kann besonders bei nicht nur bei übermäßig kritischen oder strengen Eltern oder Lehrern der Fall sein. Wenn Du in der Kindheit gelernt hast, dass Du nur durch Anpassung oder Gefälligkeit Anerkennung erhältst, führst Du dieses Vermeidungsverhalten in Deinen Beziehungen fort, um Konflikte zu vermeiden und Harmonie aufrechtzuerhalten.

➜ **Modelllernen:** Als Kind hast Du Verhaltensweisen von den Erwachsenen um Dich herum beobachtet und nachgeahmt. Wenn Deine Eltern oder andere Bezugspersonen selbst Vermeidungsverhalten anwendeten, um mit Stress oder Konflikten umzugehen, hast Du möglicherweise dieses Verhalten übernommen. Nun neigst Du dazu, diese Muster fortzusetzen, indem Du versuchst, den Partner zu „retten" oder Konflikte um jeden Preis zu vermeiden, um die Beziehung nicht zu gefährden.

→ **Traumatische Erlebnisse:** Traumatische Ereignisse wie Missbrauch oder Gewalt führen dazu, dass Du bestimmte Situationen oder Menschen meidest, um Dich vor erneutem Trauma zu schützen. In einer Co-abhängigen Beziehung versuchst Du, die Macht zu behalten und Probleme für den Partner zu lösen, um Dein eigenes Trauma zu bewältigen. Damit bekommst Du das Gefühl von Kontrolle und Sicherheit.

→ **Überbehütung:** Wenn Deine Eltern übermäßig beschützend waren und Dir nicht erlaubten, Herausforderungen zu bewältigen oder Fehler zu machen, hast Du gerne Angst vor neuen oder unbekannten Situationen entwickelt und begonnen, diese zu vermeiden. Diese übermäßige Fürsorge bringt Dich dazu, in Beziehungen nach einem ähnlichen Schutz zu suchen, was co-abhängiges Verhalten ist. Weiterhin führt es zu dem Wunsch, Deinen Partner schützen oder kontrollieren zu wollen.

→ **Mangelnde Bewältigungsstrategien:** Wenn Du keine effektiven Strategien zur Bewältigung von Stress oder Angst entwickelt hast, greifst Du auf Vermeidungsverhalten zurück, da Du keine anderen Möglichkeiten hast, mit Deinen Gefühlen gesund umzugehen. In einer co-abhängigen Beziehung führt dies dazu, dass Du Dich völlig auf den Partner verlässt, um Deine emotionalen Bedürfnisse zu erfüllen und Deine Ängste zu bewältigen.

→ **Liebesentzug:** Liebesentzug ist ein weit verbreitetes Mittel in toxischen Beziehungen. Wenn Deine Eltern Dich vernachlässigten oder bestraften, indem sie Dir Zuneigung entzogen, ist dies die Grundlage, dass Du in Beziehungen immer nach Bestätigung suchst. In einer co-abhängigen Beziehung versuchst Du, die Zuneigung und Bestätigung des Partners zu gewinnen, indem Du dessen Bedürfnisse über Deine eigenen stellst.

→ **Nicht wahrgenommen werden:** Wenn Du in Deiner Kindheit nicht wahrgenommen wurdest, etwa weil Deine Eltern selbst stark mit ihren eigenen Problemen beschäftigt waren, verstärkt dies massiv das Gefühl von Unsichtbarkeit. Somit neigst Du in Beziehungen Dich anzupassen oder versuchst, Dich durch übermäßiges Gefallen und Helfen bemerkbar zu machen. Du versuchst, durch dieses Verhalten die Aufmerksamkeit und Anerkennung des Partners zu erhalten.

→ **Nicht als eigenständige Seele gesehen worden sein:** Wenn Du in Deiner Kindheit nicht als eigenständiges Wesen mit eigenen Rechten und

Kapitel 2.2: Drei kindliche Vermeidungsstrategien

Wünschen anerkannt wurdest, passt Du Dich an die Erwartungen anderer an und verleugnest Deine eigenen Bedürfnisse. In einer co-abhängigen Beziehung versuchst Du, Dich so zu verhalten, dass Du den Partner nicht enttäuscht und dessen Erwartungen erfüllst, was oft auf Kosten Deiner eigenen Identität geht.

Auswirkungen von Vermeidungsstrategien in Bezug auf Deine Co-Abhängigkeit

Tatsächlich verschaffen Vermeidungsstrategien kurz- wie langfristig Erleichterung, die negativen Auswirkungen von ihnen sind fatal und oft unbekannt. Prüfe liebevoll, ob Du einige dieser Auswirkungen in Deinem eigenen Leben kennst: Co-Abhängigkeit kann sowohl kurz- als auch langfristige Auswirkungen auf Dein Leben haben. Hier sind einige der möglichen Konsequenzen, die Du möglicherweise in Deinem eigenen Leben erkennst:

➔ **Soziale Isolation:** Du hast möglicherweise Schwierigkeiten, Freundschaften zu schließen oder aufrechtzuerhalten, da Du Dich durch Deine co-abhängigen Verhaltensweisen von anderen isolierst. Du könntest das Gefühl haben, nicht wirklich dazuzugehören oder nicht geliebt zu werden.

➔ **Angststörungen:** Dein Vermeidungsverhalten und die ständige Sorge um die Beziehung verstärken Deine Ängste und können zu Angststörungen führen. Angst vor Ablehnung oder Konflikten werden durch Deine co-abhängigen Muster verschärft.

➔ **Geringes Selbstwertgefühl:** Durch das ständige Anpassen und Vermeiden von Konflikten in der Beziehung entsteht ein geringes Selbstwertgefühl, da Du nicht lernst, Dir selbst zu vertrauen und Deine eigenen Bedürfnisse zu erfüllen.

➔ **Ständige Zweifel:** Deine Vermeidungsstrategien führen dazu, dass Du ständig an Dir zweifelst und Dein Potenzial nicht vollständig ausschöpfst. Du fühlst Dich unfähig, Probleme oder Herausforderungen zu bewältigen und traust Dir zu wenig zu.

➔ **Beziehungsprobleme:** Co-Abhängigkeit ist der Grund, warum Deine Beziehungen an den gleichen Punkten scheitern. Dein Vermeidungsverhalten und die ständige Anpassung an die Partner führen zu den gleichen wiederkehrenden Problemen und Konflikten.

→ **Psychische Probleme:** Langfristig können Co-Abhängigkeit und Vermeidungsverhalten zu psychischen Problemen wie Süchten oder anderen emotionalen Störungen führen, da Du versuchst, Deine inneren Konflikte und Ängste durch ungesunde Verhaltensweisen zu bewältigen.

→ **Akademische Probleme:** Deine Vermeidungsverhalten machen sich in schulischen oder beruflichen Problemen breit, da sie sich wie Hüllen um Dich legen, und Du nicht Dein wahres und volles Potential hast. Du merkst bestimmt, dass es in einem Büro viele große Kinder hat – Erwachsene, die statt Probleme zu lösen, ihre kleinen verletzten Egos spielen lassen.

Was sind Schritte, um Deine Vermeidungsstrategien zu reflektieren?

→ **Selbstreflexion und Bewusstsein**

1. **Selbstbeobachtung:** Versuch, Situationen zu identifizieren, in denen Du Vermeidungsverhalten zeigst. Notiere, welche Gefühle oder Gedanken in diesen Momenten auftreten. Es kann hilfreich sein, ein Tagebuch zu führen, um Muster zu erkennen.

2. **Auslöser erkennen:** Analysiere, welche Auslöser zu Deinem Vermeidungsverhalten führen. Überlege, ob es bestimmte Personen, Orte oder Aufgaben gibt, mit denen es Dir besonders schwerfällt. Achte dabei auch auf Verhaltensweisen oder Erwartungen von anderen, die möglicherweise Dein Vermeidungsverhalten beeinflussen.

3. **Verändern:** Nachdem Du dies getan hast, erstelle Dir einen umsetzbaren Plan, was Du in Deinem Leben verändern möchtest. Lobe Dich für jeden Erfolg. Jeder Misserfolg gehört dazu. Sei nicht so hart zu Dir.

→ **Kognitive Strategien**

1. **Gedanken hinterfragen:** Stelle Deine negativen Gedanken und Überzeugungen infrage. Frage Dich, ob diese wirklich der Realität entsprechen oder ob sie übertrieben oder irrational sind. Überprüfe auch, ob Du Deine Gedanken und Überzeugungen von anderen übernommen hast, insbesondere von Menschen, deren Verhalten Du versuchst zu vermeiden oder zu unterstützen.

Kapitel 2.2: Drei kindliche Vermeidungsstrategien

2. **Positive Selbstgespräche:** Entwickle positive und realistische Selbstgespräche, um negative Gedanken zu ersetzen. Übe täglich, Dir selbst Mut zuzusprechen und Deine Stärken zu betonen. Stelle Dir dabei vor, Du wärst Deine beste Freundin – zu der bist Du auch liebevoller. Oder stelle Dir vor, Du wärst Dein eigener Therapeut, der Dir hilft und zuspricht.

→ **Verhaltensstrategien**

1. **Schrittweise Exposition**: Beginne, Dich den Situationen, die Du vermeidest, schrittweise zu stellen. Fange mit weniger bedrohlichen Szenarien an und steigere Dich langsam. Vielleicht startest Du mit einer Aufgabe, die Dir nur ein wenig unangenehm ist, und arbeitest Dich dann zu schwierigeren Situationen vor. Lass Dir Zeit, lobe Dich und geh es jedes Mal an. Anfangs kann es dauern, da sich Dein Verhalten wie feste Bahnen zementiert hat, aber es wird immer leichter. Dann nimm Dir eine neue Situation vor.

2. **Ziele setzen**: Setze Dir kleine, erreichbare Ziele und belohne Dich für Deine Fortschritte. Jede kleine Errungenschaft ist ein Schritt in die richtige Richtung. Überlege, wie Du Dich belohnen könntest, um Deine Motivation zu stärken. Rückschläge gehören dazu, das Motto lautet: Einmal mehr aufstehen als hinfallen.

→ **Emotionsregulation**

1. **Achtsamkeit und Meditation**: Praktiziere Achtsamkeit und Meditation, um Deine Emotionen besser zu regulieren und im Moment zu bleiben. Du hast viele Anregungen bekommen, die Du anwenden kannst.

   Mein Liebling ist immer noch der einfachste Rat: Atme so oft Du am Tag kannst, bewusst ein und aus. Und beobachte Dich dabei. Spiele mit Deinem Atem und fülle Dich mit Deinem Odem des Lebens.
   Simpel – aber extrem effektiv.

2. **Entspannungstechniken**: Lerne Entspannungstechniken wie tiefe Atmung, progressive Muskelentspannung oder Yoga, um Stress abzubauen. Finde heraus, welche Methode Dir am meisten hilft, zur Ruhe zu kommen. Vergiss nicht, nicht nur über diese Techniken zu entspannen. Oft fehlt uns laute Musik, uns auszupowern, um Stress abzubauen

und dann zu entspannen. Dies merke ich oft bei meinen lieben Klienten, die immer nur entspannen wollen, dabei vergessen, dass Glückshormone über gesunde Anspannung wie Sport produziert werden. Mach am besten beides!

→ Soziale Unterstützung

1. **Freunde und Familie**: Sprich mit vertrauenswürdigen Freunden oder Familienmitgliedern über Deine Schwierigkeiten und bitte um Unterstützung. Es kann sehr entlastend sein, sich jemandem anzuvertrauen. Dies gilt besonders, wenn Du in Co-Abhängigkeit gefangen bist, da Du möglicherweise Schwierigkeiten hast, Deine eigenen Bedürfnisse von den Bedürfnissen anderer zu unterscheiden. Lerne, klare und gesunde Rahmenbedingungen zu schaffen und Deine eigenen Bedürfnisse wertzuschätzen.

2. **Selbsthilfe- oder Coachinggruppen**: Schließe Dich einer Gruppe an, um Dich mit anderen auszutauschen, die ähnliche Herausforderungen haben. Besonders ermutigend ist, Dir Erfolgsgeschichten von Menschen anzuhören, die es geschafft haben. Dazu eignen sich Podcasts, YouTube, Videos, Onlinekongresse. Du wirst sehen, wie viele Menschen die gleichen Probleme haben oder hatten. Gruppen, die sich auf Co-Abhängigkeit spezialisieren, können besonders hilfreich sein.

→ Professionelle Hilfe und Selbsthilfe auf vielen Ebenen

Ich schließe keine Therapieform aus, sondern bin für den Zusammenschluss von vielen Therapieangeboten. Jedoch sehe ich, dass normale Therapie oft nicht ausreichend erfolgreich und extrem zeitaufwendig ist. Therapieplätze sind oft knapp. Viele Wege führen nach Rom: kombiniere viele Ansätze und erfreue Dich an Deiner Genesung.

1. **Therapie:** Suche professionelle Hilfe bei einem Therapeuten, dem Du vertraust und der Dich weiterbringt. Besonders wichtig ist, dass Dein Therapeut Erfahrung mit Co-Abhängigkeit hat, um Dir gezielt bei diesem Thema zu helfen. Auch sprechen und Dinge aus dem Kopf zu bringen, ist sinnvoll, gerade wenn Du mit Bewusstseinstraining zuarbeitest.

2. **Coaching:** Ein Coach kann Dir helfen, Ziele zu setzen und Strategien zu entwickeln, um Vermeidungsverhalten zu überwinden. Er soll Dir helfen, Deine Fortschritte zu verfolgen und motiviert zu bleiben. Achte

darauf, einen Coach zu wählen, der Erfahrung mit Co-Abhängigkeit hat, um Dir gezielt bei den dynamischen Mustern dieser Problematik zu unterstützen.

3. **Bewusstseinsarbeit:** Hier arbeitest Du nicht nur auf der unbewussten Ebene und bringst diese gestauten Energien ans Licht. Du bekommst Klarheit über Dein tiefsitzendes Vermeidungsverhalten. Diese Arbeit kann sehr schnell gehen und Du bekommst oft sehr schnell Kraft und neue Energie.

4. **Tiefe Traumen- und Schattenarbeit:** Dies ist besonders Teil meiner Arbeit, die von wenigen Trainern so gemacht wird. Denn wir wollen meist unsere Schatten nur weghaben und arbeiten lieber mit Licht und Liebe. Aber auch das ist wieder nur ein Vermeidungsverhalten, denn ohne Schatten kein Licht. Es geht um Annahme, Auflösen und kraftvoll werden. Bei der Schattenarbeit solltest Du insbesondere darauf achten, wie Co-Abhängigkeit Deine Verhaltensmuster beeinflusst und inwieweit sie Teil Deiner unbewussten Schattenarbeit ist.

→ **Aufbau von Resilienz, Selbstfürsorge und Selbstschutz**

1. **Selbstfürsorge:** Achte ab jetzt noch mehr auf Deine körperliche und emotionale Gesundheit. Ernähre Dich gesund, treibe regelmäßig Sport und sorge für ausreichend Schlaf. Selbstfürsorge ist der Schlüssel zu einem stabilen Wohlbefinden. Setze klare Regeln auf und ziehe Grenzen auf, lerne Selbstliebe, lerne Nein zu sagen und stelle Dich an die erste Stelle. In der Co-Abhängigkeit ist es besonders wichtig, dass Du Deine eigenen Bedürfnisse erkennst und priorisierst.

2. **Neue Fähigkeiten erlernen:** Baue Deine Kompetenzen und Fähigkeiten aus, um Dein Selbstvertrauen zu stärken. Vielleicht gibt es Kurse oder Hobbys, die Du schon immer ausprobieren wolltest. Was wolltest Du als Kind schon immer machen oder was hast Du gerne gemacht? Mach Dir eine Liste und schaue, was Du davon wieder umsetzen willst, z. B. Nähen, Singen, Musik spielen, Jonglieren. Lerne das Ganze wieder spielerisch zu sehen und setze den Fokus nicht auf weitere Business-Fähigkeiten, sondern die, die Dir abtrainiert wurden. Früher warst Du alles – heute Hausfrau und Mutter. Klingelt es? Auch in der Co-Abhängigkeit kann das Entdecken und Ausleben von persönlichen Interessen und Hobbys einen großen Unterschied machen.

3. **Selbstschutz:** Das wichtigste Tool, für mich wichtiger als alles andere: Ohne gesunden Selbstschutz kannst Du keine Selbstliebe oder

Selbstfürsorge walten lassen. Bedenke: Du wirst nie so „böse" wie die Toxen, auch wenn Du Deine Bereiche verteidigst. Ein Satz, den mir eine weise Therapeutin mitgab: „Frau Wach, ich glaube an das Gute im Menschen. Wenn Sie es schaffen, Person X (Narzisstin) im Zaum zu halten und das negative Verhalten dieser Person verhindern können, sondern es aus ihren Mustern tut. Und wenn Sie es in dem Moment nicht schaffen, dann gehen Sie einfach. Und bei einer Quote von 50% sind Sie sehr gut." Dies bedeutet jedoch nicht, dass Du die Verantwortung für andere übernimmst oder Deine eigenen Leitlinien und Grenzbereiche missachtest. Dein Selbstschutz sollte immer oberste Priorität haben.

→ **Konkrete Beispiele**

1. **Berufliche und private Herausforderungen:** Wenn Du berufliche Aufgaben vermeidest, könntest Du Dir kleinere Teilaufgaben setzen und diese nach und nach abarbeiten, statt die gesamte Aufgabe als überwältigend zu betrachten. Teile große Projekte in überschaubare Schritte auf. Überlege, wie Co-Abhängigkeit in Deinem beruflichen Umfeld Deine Aufgabenwahrnehmung beeinflusst und wie Du diese Muster durchbrechen kannst.

2. **Soziale Situationen:** Wenn Du soziale Situationen vermeidest, beginne damit, Dich in sicheren, wenig bedrohlichen Umgebungen zu engagieren, und erweitere allmählich Dein Engagement. Vielleicht startest Du mit einem kleinen Treffen mit Freunden, bevor Du Dich größeren Gruppen anschließt. Achte darauf, Deine sozialen Bedürfnisse und Limits zu erkennen und zu respektieren, ohne Dich von den Erwartungen anderer überwältigen zu lassen.
Fühle Dich frei, neue Strategien heraufzuholen und anzuwenden. Gehe proaktiv in die Situationen und schaue, wie Du Deinen Vermeidungsverhalten ein Schnippchen schlagen kannst und kraftvoller und stärker werden wirst. Spüre, wie Du die Kraft hast, Veränderungen in Deinem Leben Dir vorzunehmen, und diese Schritte Dir dabei helfen können.

Erste Vermeidungsstrategie: Der Empath = Retter

Der "Retter" ist ein Begriff, der oft im Kontext von Beziehungsdynamiken und psychologischen Theorien verwendet wird, insbesondere im Rahmen des Drama-Dreiecks nach Stephen Karpman. Das Drama-Dreieck beschreibt drei Rollen, die Menschen in konflikthaften oder dysfunktionalen Beziehungen einnehmen können: den Verfolger, das Opfer und den Retter (= Empath).

Merkmale des Retters

➡ **Übermäßige Hilfsbereitschaft:** Du neigst dazu, ständig anderen helfen zu wollen, oft auch dann, wenn die Hilfe nicht erwünscht oder nötig ist. Du stellst gerne diese Hilfe über Deine eigenen Bedürfnisse und meinst, diese zuerst erfüllen zu müssen. Es kann sein, dass Du denkst, dass der andere ohne Deine Hilfe nicht kann.

➡ **Selbstaufopferung:** Du opferst Deine eigenen Bedürfnisse und Wünsche, um anderen zu helfen.

➡ **Bedürfnis nach Anerkennung:** Du suchst nach Bestätigung und Anerkennung durch Deine Hilfeleistungen, dadurch bleibst Du allerdings im Außen.

➡ **Kontrolle und Macht:** Durch das Retten und Helfen anderer entwickelt sich ein Gefühl von Kontrolle und Überlegenheit, was Dir dann wiederum Anerkennung und Wichtigkeit gibt.

➡ **Vermeidung eigener Probleme:** Du konzentrierst Dich auf die Probleme anderer, um von Deinen eigenen Problemen abzulenken.

Einige Ursachen des Retterverhaltens

➡ **Frühkindliche Prägungen**: Du hast in Deiner Kindheit gelernt, dass Du durch Helfen und Selbstaufopferung Liebe und Anerkennung bekommst.

➡ **Geringes Selbstwertgefühl**: Du suchst nach externen Quellen der Anerkennung und Bestätigung, weil Du ein geringes Selbstwertgefühl ausgebildet hast.

➡ **Angst vor Zurückweisung**: Du hast Angst, abgelehnt oder nicht gebraucht zu werden, und versuchst, durch Hilfsbereitschaft Deine Position in Beziehungen zu sichern.

→ **Kulturelle und gesellschaftliche Einflüsse**: Gesellschaftliche Normen und Erwartungen spielen ebenfalls eine Rolle, insbesondere in Kulturen, die Selbstaufopferung und Altruismus stark betonen, wozu das Christentum für mich zählt. Jesus, der sich für uns geopfert hat. Prüfe mal, wie sehr diese Erwartungen in Sätzen Deiner Eltern versteckt waren, dass Du helfen sollst. Es fängt schon bei der Grenzüberschreitung von Küssen an die Großeltern an, die Du geben musstest, weil die Großmutter es wollte.

Auswirkungen des Retterverhaltens

→ **Burnout:** Der ständige Versuch, anderen zu helfen, führt zu emotionaler und physischer Erschöpfung.

→ **Dysfunktionale Beziehungen:** Dein Retterverhalten kann Beziehungen aus dem Gleichgewicht bringen und eine ungesunde Abhängigkeit fördern. Du suchst Dir gerne Partner aus, denen Du helfen kannst.

→ **Verlust der eigenen Identität:** Durch die Fokussierung auf die Bedürfnisse anderer vernachlässigst Du Deine eigenen Bedürfnisse und Wünsche und verlierst Deine Identität.

→ **Rollenverfestigung:** Dein Verhalten kann dazu führen, dass sich die Retterrolle in Beziehungen verfestigt und schwer zu ändern ist. D. h. wenn Du aussteigen möchtest, kann es sein, dass Dein Partner Dich nicht aus dieser Rolle entbinden möchte, da er davon profitiert. Oder Deine Eltern, die sich gerne helfen lassen.

Einige weitere Wege, um das Retterverhalten zu überwinden

1. **Selbstbewusstsein entwickeln**: Erkenne Deine eigenen Bedürfnisse und Wünsche und lerne, diese zu priorisieren. Schreibe diese auf und setze sie immer mehr in den Vordergrund. Du wirst erstaunt sein, wie wenig Du Deine Bedürfnisse wirklich kennst.

2. **Grenzen setzen**: Lerne, gesunde Grenzen zu setzen und "Nein" zu sagen, ohne Dich schuldig zu fühlen. Schuld wurde Dir antrainiert und ist ein Konstrukt der Kirche. Gerade Empathen haben Probleme, sich abzugrenzen und ihre Regeln einzufordern, weil sie denken, genauso zu werden wie die anderen. Das ist nicht der Fall.

3. **Selbstfürsorge**: Praktiziere Selbstfürsorge und nimm Dir Zeit für Dich selbst. Immer, wenn Du anderen helfen willst, Dir Probleme von anderen anhörst, frage Deinen Körper, ob er das wirklich will. Und warum Du das gerade tust. Mache Dir bewusst, dass Du gerade übergriffig sein kannst und anderen Rat gibst, obwohl sie diesen nicht wollen. Du nimmst ihnen ihre Kompetenz, sich um sich selbst zu kümmern.

4. **Kommunikation verbessern**: Verfeinere Deine Kommunikationsfähigkeit, so dass diese klar und offen Deine Bedürfnisse und Erwartungen wiedergeben.

5. **Anerkennung von anderen Quellen**: Finde Wege, Selbstwert und Anerkennung durch andere Quellen als das Retten und Helfen anderer zu erhalten, z. B. durch Hobbys, persönliche Erfolge und besonders aus Dir selbst heraus.

Du wirst sehen, durch die liebevolle Auflösung Deines Retterverhaltens, durch die Fokussierung auf Deine eigenen Bedürfnisse wirst Du ausgeglichener und lebendiger und ziehst gesündere Beziehungen in Dein Leben.

Zweite Vermeidungsstrategie: Das Opfer

Wir alle werden in unserem Leben ab und an zum Opfer, da wir in Situationen kommen, wo wir uns hilflos, ohnmächtig und ausgeliefert fühlen. Jedoch gibt es Menschen, die andauernd das Gefühl haben, dass sie keine Kontrolle über ihre Situation haben. Tatsächlich ist es in unserer Gesellschaft normal und angesehen, Opfer zu sein, und es gibt sogar richtige Battles, wer noch etwas Schlimmeres erlebt hat als der andere. Ja, auch das zählt zum Opfer.

Es gibt viele „Formen" von Opfern:

➔ **Aufopfern**: Sie opfern sich auf, z. B. in der Firma, aber keiner sieht es; Frauen, die ihre Eltern pflegen und dabei selbst körperlich und psychisch kaputt gehen. Daher müssen sie ständig drüber sprechen und sich damit in den Mittelpunkt setzen.

➔ **Permanente Schuldzuweisungen**: Immer sind die anderen Schuld, sie sind immer die Opfer. Typische Sätze oder Merkmale: keiner sieht es, immer werden sie verlassen, sie werden betrogen.

→ **Ständiges Kreiseln:** Die Mütter, die immer um ihre Kinder kreisen, deren Köpfe ständig bei ihrem Kind sind und immer gestresst sind, wie ja das Kind sie brauchen würde.

→ **Nicht loslassen können, kein Ende finden:** Sogar noch nach 10 Jahren jammern die Opfer über das Verhalten der anderen. Selbstreflektion ist keine Option.

Lass uns gemeinsam erkunden, wie diese Rolle entsteht und was Du tun kannst, um Dich daraus zu befreien.

Wie entsteht die Opferrolle? Einige Beispiele

1. **Frühkindliche Erfahrungen:** Wenn Du in Deiner Kindheit oft das Gefühl hattest, dass Deine Bedürfnisse nicht erfüllt wurden oder Du ungerecht behandelt wurdest, zementiert sich das Gefühl der Hilflosigkeit in Dir. Du lernst, dass es keinen Sinn hat, sich zu wehren, weil Deine Bemühungen sowieso nichts ändern.

2. **Negative Glaubenssätze:** Glaubenssätze wie „Ich kann nichts ändern", „Es passiert immer nur mir", „Die anderen sind schuld", „Ich werde nicht gesehen" entwickeln sich. Diese Überzeugungen halten Dich in der Opferrolle fest und verhindern, dass Du proaktive Schritte unternimmst.

3. **Umfeld und Beziehungen:** Dein Umfeld spielt eine große Rolle. Wenn Du von Menschen umgeben bist, die Dich in Deiner Opferrolle bestätigen oder selbst solche Verhaltensweisen zeigen, kann das Dein eigenes Verhalten verstärken.

4. **Erlernte Hilflosigkeit:** Durch wiederholte negative Erfahrungen erlernst Du Deine Hilflosigkeit. Das bedeutet, dass Du glaubst, dass Du keinen Einfluss auf Deine Situation hast, selbst wenn Du tatsächlich die Macht hättest, etwas zu ändern.

5. **Permanentes Wiederholen:** Durch das ständige Lernen als Kind, nichts ändern zu können, wird diese Rolle perfekt gebaut.

Auswirkungen der Opferrolle

Es ist wichtig, die Auswirkungen der Opferrolle auf Dein Leben zu erkennen:

➜ **Geringes Selbstwertgefühl**: Wenn Du Dich als Opfer siehst, leidet Dein Selbstwertgefühl. Du fühlst Dich machtlos und wertlos.

➜ **Depression und Angst**: Die ständige Überzeugung, dass Du nichts ändern kannst, kann zu Depressionen und Angstzuständen führen.

➜ **Beziehungsprobleme**: Deine Beziehungen leiden darunter, weil Du erwartest, dass andere Dich retten oder ständig Verständnis zeigen, ohne dass Du selbst Verantwortung übernimmst.

→ Du hast es bestimmt schon erlebt, dass Opfer sich sogar an ihrer Opferrolle festbeißen, damit sie nichts ändern müssen.

➜ **Mangelnde Erfüllung**: Opfer sind nie erfüllt, sie sind ständig im Mangel und suchen durch ihr Jammern Aufmerksamkeit und Bestätigung. Sie fühlen sich oft von den Umständen überwältigt und leben in der sich selbsterfüllenden Prophezeiung.

Weitere Schritte, um aus der Opferrolle auszubrechen

1. **Selbstreflexion**: Nimm Dir Zeit, um zu reflektieren, in welchen Situationen Du Dich wie ein Opfer fühlst. Was sind die Auslöser? Welche Gedanken gehen Dir durch den Kopf? Welche Vorteile hast Du, Opfer zu sein? Schreibe Deine Beobachtungen auf.

2. **Negative Glaubenssätze hinterfragen**: Erkenne und hinterfrage Deine negativen Glaubenssätze. Frage Dich: „Ist das wirklich wahr? Gibt es Beweise, die das Gegenteil zeigen?" Ersetze diese Glaubenssätze durch positive und realistische Überzeugungen.

3. **Verantwortung übernehmen**: Beginne, Verantwortung für Dein Leben und Deine Entscheidungen zu übernehmen. Erkenne, dass Du die Macht hast, Veränderungen vorzunehmen, auch wenn sie klein sind.

4. **Setze Dir Ziele**: Setze Dir erreichbare Ziele und arbeite Schritt für Schritt darauf hin. Belohne Dich für jeden Fortschritt, den Du machst, egal wie klein er ist.

5. **Stärke Dein Selbstwertgefühl**: Arbeite an Deinem Selbstwertgefühl, indem Du Dich auf Deine Stärken und Erfolge konzentrierst. Führe ein Erfolgstagebuch, in dem Du täglich Deine Erfolge festhältst.

6. **Suche Unterstützung**: Sprich mit vertrauenswürdigen Freunden oder Familienmitgliedern über Deine Gefühle. Hole Dir professionelle Hilfe.

7. **Neue Bewältigungsstrategien erlernen**: Lerne effektive Strategien zur Bewältigung von Stress und Herausforderungen. Achtsamkeit, Meditation und Entspannungstechniken helfen Dir, Dich besser zu fühlen und klarer zu denken. Dazu habe ich Dir vieles in den vorderen Kapiteln zur Verfügung gestellt.

Du hast immer die Möglichkeit, Dich aus diesem Muster zu befreien und Dein Leben zu verändern. Das ist sogar besonders wichtig. Unternimm kleine Schritte und lerne, an Dich zu glauben, damit Du ein erfülltes und selbstbestimmtes Leben führen wirst.

Dritte Vermeidungsstrategie: Der Täter

Es gibt mehr Täterformen als wir denken, da wir in einer Tätergesellschaft großgeworden sind: bekannt sind Soziopathen oder Psychopathen. Borderliner, Histrioniker, aber auch ADHSler greifen an, um andere zu verletzten, um nicht selbst verletzt zu werden. Besonders Narzissmus und toxisches Verhalten sind verbreiteter als wir denken. Bei den Narzissten gibt es sehr viele Unterformen, so dass es oft schwerfällt, das Gegenüber als Narzissten zu erkennen. Dazu zählt auch das toxische Verhalten, welches in unserer Gesellschaft normal geworden ist.

Diese Rolle beleuchte ich aus zwei Perspektiven: Du bist Täter

Ich gehe davon aus, dass Du Dich nicht in dieser Rolle wiederfindest, aber mir ist es wichtig, einen gesamten Überblick zu geben.

Wenn Du feststellst, dass Du Dich in der Rolle des Täters befindest, ist es wichtig, Dein Verhalten zu erkennen und zu verstehen. Die Rolle des Täters kann sich in verschiedenen Formen zeigen, wie z. B. durch aggressives Verhalten, Manipulation oder Mobbing. Dieses Verhalten finden wir bei z. B. ADHS-lern, die an sich nicht böse sind, aber dieses Täterverhalten anwenden, wenn sie sich „wehren müssen".

Gemeinsam können wir herausfinden, wie diese Rolle entsteht und was Du tun kannst, um Dein Verhalten zu ändern.

Wie entsteht die Täterrolle?

1. **Frühkindliche Erfahrungen**: Wenn Du als Kind Gewalt oder Missbrauch erlebt hast, kannst Du dieses Verhalten als Bewältigungsmechanismus übernehmen. Du hast gelernt, dass Macht und Kontrolle über andere Dir ein Gefühl der Sicherheit geben. Wenn Du von Deinen Eltern nicht wahrgenommen wurdest, wenn Deine Eltern psychisch krank waren, süchtig, und Du um Anerkennung und Liebe kämpfen musstest. Besonders weiße Gewalt ist hier zu nennen, die in unserer Gesellschaft oft nicht bekannt ist und als normal gilt, die jedoch einen sehr großen Schaden bei Dir verursacht hat.

2. **Modelllernen**: Du hast Verhaltensweisen von Erwachsenen oder älteren Geschwistern übernommen, die selbst Täterverhalten zeigen. Wenn Du gesehen hast, dass diese Verhaltensweisen zu positiven Ergebnissen führen, könntest Du sie nachahmen. Da wir in einer Tätergesellschaft leben, wird dieses Verhalten sogar positiv bestärkt. Wir erleben gerade im Business sehr häufig, dass erfolgreiche Menschen Narzissten sind.

3. **Mangelnde Empathie**: Wenn Du Schwierigkeiten hast, die Gefühle und Perspektiven anderer zu verstehen oder zu respektieren, gehst Du über deren Abgrenzungen und bist somit rücksichtslos oder verletzend.

4. **Unbewältigter Stress oder Frustration**: Wenn Du unter starkem Stress stehst oder Frustration empfindest, kannst Du dazu neigen, diese Emotionen an anderen auszulassen.

5. **Geringes Selbstwertgefühl**: Ein geringes Selbstwertgefühl führt dazu, dass Du durch Kontrolle oder Erniedrigung anderer Dich besser fühlst.

6. **Angriff, um Dich zu schützen**: Du wirst merken, dass Du angreifst, um etwas von Dir abzuwenden. Nach dem Motto: „Angriff ist die beste Verteidigung."

Auswirkungen der Täterrolle

Es ist wichtig zu erkennen, wie Dein Verhalten als Täter sowohl Dich selbst als auch andere beeinflusst:

→ **Beschädigte Beziehungen**: Dein Verhalten beschädigt Deine Beziehungen zu Freunden, Familie und Kollegen ernsthaft, auch wenn wir dieses Verhalten aus unserer Kindheit, Gesellschaft kennen, ist es toxisches vergiftetes Verhalten.

→ **Schuld und Scham**: Du entwickelst langfristig Schuld- und Schamgefühle, die Dein Selbstwertgefühl immer mehr untergraben, denn Du weißt au Deinem Herzen, dass dies weder Dir noch anderen guttut.

→ **Isolation oder Abwenden**: Dein Verhalten führt dazu, dass sich andere von Dir abwenden und Du Dich isoliert fühlst.

→ **Rechtliche Konsequenzen**: Aggressives oder gewalttätiges Verhalten kann rechtliche Konsequenzen haben, die Dein Leben erheblich beeinträchtigen können.

Weitere Schritte, um aus der Täterrolle auszubrechen

1. **Selbstreflexion**: Nimm Dir Zeit, um Dein Verhalten zu reflektieren. In welchen Situationen verhältst Du Dich wie ein Täter? Was löst dieses Verhalten aus? Woher kommt dieses Verhalten? Wie war Deine Kindheit? Führe ein Tagebuch, um Muster zu erkennen.

2. **Verantwortung übernehmen**: Erkenne und akzeptiere, dass Dein Verhalten anderen Schaden zufügt. Übernimm Verantwortung für Deine Handlungen und die Auswirkungen, die sie auf andere haben. Fang an, Dich ernsthaft zu entschuldigen, neue Wege und Lösungen anzubieten, wie Du in Zukunft reagieren möchtest. Führe darüber Buch und optimiere Dich.

3. **Empathie entwickeln**: Arbeite daran, Deine Empathie für andere zu stärken. Versuche, Dich in die Lage derjenigen zu versetzen, die Du verletzt hast. Wie fühlen sie sich? Was denken sie? Wie geht es ihnen damit? Waren sie überhaupt der Auslöser?

4. **Alternative Bewältigungsstrategien**: Lerne, mit Stress und Frustration auf gesunde Weise umzugehen. Techniken wie tiefes Atmen, Meditation und körperliche Bewegung helfen, Deine Emotionen zu regulieren.

5. **Weitere professionelle Hilfe suchen**: Ein Therapeut oder Coach kann Dir helfen, die Ursachen Deines Verhaltens zu verstehen und Strategien zu entwickeln, um es zu ändern.

6. **Kommunikationsfähigkeiten verbessern**: Lerne, Deine Bedürfnisse und Gefühle auf konstruktive Weise auszudrücken. Übe gewaltfreie Kommunikation, um Konflikte ohne Aggression zu lösen.

7. **Selbstwertgefühl stärken**: Arbeite daran, Dein Selbstwertgefühl zu stärken, ohne andere zu kontrollieren oder zu verletzen. Konzentriere Dich auf Deine Stärken und Erfolge.

Konkrete Beispiele

1. **Berufliche Herausforderungen**: Wenn Du am Arbeitsplatz aggressiv bist, versuche, in stressigen Situationen ruhig zu bleiben. Suche nach konstruktiven Wegen, um Konflikte zu lösen, z.B. durch offenes Gespräch und Zusammenarbeit.

2. **Soziale Situationen**: Wenn Du in sozialen Situationen dazu neigst, andere zu dominieren oder zu manipulieren, übe Dich in Zurückhaltung und höre aktiv zu. Respektiere die Meinungen und Gefühle anderer.

WICHTIG: Auch wenn Du andere damit verletzt hast, kann ich Dir bestätigen und Mut machen, wenn Du ernsthaft an Dir arbeitest, Demut für Dein Verhalten lernst, anerkennst, was Du anderen damit angetan hast und Dich dann entschuldigst, werden Wunder geschehen. Nicht alle Menschen werden Dir verzeihen – aber einige mehr als Du denkst. Und die neuen Menschen, die in Dein Leben kommen, kennen dann nur die neue Persönlichkeit. Du hast die Fähigkeit, Dein Verhalten zu ändern und Dich aus der Rolle des Täters zu befreien.

Übernimm Verantwortung, lerne Demut, baue Dich auf und überwinde diese Rolle, um gesunde und respektvolle Beziehungen aufzubauen und ein erfülltes Leben zu führen.

Der andere ist Täter: die wichtigsten sind Partner oder Elternteil

Hier ist ein kleiner Einblick in die Grundzüge narzisstischer Personen.

Narzissten oder toxische Menschen erkennen nicht, dass sie Täter sind und ändern nichts an ihrem Verhalten, aus mehreren Gründen:

1. **Mangel an Selbstreflexion:** Narzissten machen andere für ihre Probleme verantwortlich und immer sind die anderen schuld. Sie hinterfragen ihr Verhalten nicht. Narzissten sind oft von ihrer Hauptpersönlichkeit distanziert und haben Schutzmauern oder "Computerprogramme" entwickelt, um emotionalen Schmerz zu vermeiden. Diese Mechanismen helfen ihnen, sich vor einer tiefen Selbstreflexion zu schützen und ihr Selbstbild aufrechtzuerhalten.

2. **Übertriebene Selbstwahrnehmung:** Narzissten haben ein überhöhtes Selbstwertgefühl und glauben immer im Recht zu sein. Kritik und Fehler bedrohen ihr Selbstbild. Daher projizieren sie dies auf andere.

3. **Manipulation und Kontrolle:** Narzissten haben ein starkes Bedürfnis nach Kontrolle über andere. Sie nutzen Manipulationstaktiken, um ihre Ziele zu erreichen, und halten ihr Verhalten für gerechtfertigt, um ihre Macht zu erhalten.

4. **Egozentrik und Empathiemangel:** Narzissten zeigen wenig Empathie und betrachten die Welt aus ihrer eigenen Perspektive. Sie verstehen oder respektieren die Gefühle und Bedürfnisse anderer kaum. Sie können Empathie ein- und ausschalten, je nach Art ihres Narzissmus. Einige können oberflächliche Empathie zeigen, wenn es ihren eigenen Interessen dient, während andere fast vollständig unfähig sind, sich in andere hineinzuversetzen. So erlebst Du auf der einen Seite einen sehr empathischen Partner, der im nächsten Moment völlig kalt und distanziert Dir Vorwürfe um die Ohren haut und sich im absoluten Recht sieht.

5. **Verleugnung und Selbstschutz:** Um ihr Selbstbild zu wahren, rationalisieren oder leugnen Narzissten schädliches Verhalten. Sie überzeugen sich selbst, dass ihre Handlungen gerechtfertigt sind oder dass sie das Opfer sind.

6. **Verdrehen in der Argumentation, immer recht haben:** Sie verdrehen alles in ihren Argumentationen, und ihnen ist es völlig egal, was

sie gestern oder vor 5min gesagt haben. Hauptsache, sie gewinnen die Diskussion.

7. **Angst vor Veränderung**: Selbstreflexion und Bereitschaft zur Veränderung erfordern Mut. Narzissten meiden diese Herausforderung aus Angst, ihre Kontrolle oder Dominanz zu verlieren.

8. **Unbewusstes Verhalten**: Manche narzisstischen oder toxischen Verhaltensweisen sind tief verwurzelt und unbewusst. Die Person ist sich nicht bewusst, wie sehr ihr Verhalten andere beeinflusst oder verletzt.

9. **Opfer auslaugen, Energievampire**: Narzissten sind von ihrer Hauptpersönlichkeit entfernt, sie sind innerlich leer und füllen sich mit der Energie ihrer Opfer, besonders aus deren negativen Gefühlen, wenn es dem anderen schlecht geht, geht es dem Narzissten gut.

10. **Destabilisierung der Opfer**: Durch die verschiedensten Manipulationstechniken, in denen sie Meister sind, destabilisieren sie ihre Opfer, so dass es sein kann, dass die Opfer ihrer eigenen Wahrnehmung nicht mehr trauen.

11. **Isolation des Opfers**: Ein weiteres probates Mittel ist, dass sie ihre Opfer aus dem sozialen Umfeld isolieren, um sie besser manipulieren zu können, und, damit die Opfer keine weiteren Ansprechpartner mehr haben.

Aufgrund ihres mangelnden Einblicks und ihrer tief verwurzelten Überzeugungen werden Narzissten nicht bereit sein, ihr Verhalten zu ändern. Daher ist es wichtig, klare und feste Limits und Regeln zu setzen, um sich selbst zu schützen.

Stell es Dir so vor: Du bist der Löwendompteur in einer Manege. Löwen sind von sich aus Raubtiere – und sie beißen Dich, wenn Du schwächer bist als sie. So auch bei einem Narzissten: Jede Art von Schwäche ist eine Einladung für einen Angriff.

Je nach Schwere des Narzissmus kommst Du nie zu ihnen durch. In solchen Fällen ist der beste Schutz, sich von der Beziehung zu distanzieren und persönliche Schranken zu wahren, ein glückliches Leben zu führen und neue Beziehungsmuster zu leben.

Nach all den Jahren in meiner Praxis und Erleben mit Narzissten kann ich Dir hier keinen anderen Rat mitgeben oder von einem positiven Erfolg berichten. Noch ein Beispiel: Narzissten gehen nur in Therapie, um zu tun als ob, sie sind so weit von sich entfernt, dass sie keine Einsicht haben und haben werden. Und die Momente, in denen Du durchkommst, sind selten und verändern nichts, ganz im Gegenteil.

Mein persönlicher Rat
Nimm die Beine in die Hand und renne. Narzisstisches oder toxisches Verhalten laugt Dich aus, macht Dich mürbe – auch wenn Du denkst, dass Du damit klar kommst, dass es Dir nichts ausmacht. Das ist schon die erste Falle.

Die zweite Falle ist *zu denken, dass sich der Toxe wegen Dir ändert, dass Du ihn nur noch mehr lieben musst, damit er bei Dir bleibt. Oder ihm noch mehr Chancen gibst, weil er sich ändern wird. Nein, Deine Hoffnung ist sein Lebenselixier!*
Ich kenne bisher keinen Narzissten, bei dem man landet, der wirklich aus der Tiefe seines Herzens etwas ändern will. Sie tun so, als ob sie etwas ändern, dabei spielen sie es Dir nur vor, damit Du bleibst.

3. Verschiedene Co-Abhängigkeiten

> *WICHTIG: Bitte lies alle Kapitel von Co-Abhängigkeiten durch, da ich nicht bei jedem Kapitel auf alles eingehen kann. Ich habe versucht, mir wichtig zu Erscheinendes den jeweiligen Kapiteln zuzuordnen.*

3.1 Co-Abhängigkeit zu einem toxischen Menschen

Unsere Welt ist voll von toxischen Menschen, ganz besonders unsere Erziehung und Gesellschaft sind toxisch geprägt: Disziplinierung, das Streben nach Rechthaberei, ungefragte Ratschläge, das Bedürfnis, besser zu sein als andere, Machtkämpfe wie Neid, Eifersucht und der Drang, immer mehr leisten zu müssen. Auch der ständige Verbesserungswahn, der unsere vermeintlichen Schwächen beheben soll, und das Nicht-Eingestehen von Schwächen sind weit verbreitet. Um es auf den Punkt zu bringen: wir sind komplett umringt von toxischem Verhalten, welches wir in den meisten Fällen sogar als normal erachten.

Es gibt kaum jemanden, der nicht mindestens einen toxischen Menschen in seiner Familie hat, oft sind es sogar mehrere. Dabei mache ich keinen Unterschied, ob jemand vollständig toxisch ist oder nur toxische Züge hat, denn dies ändert nichts an den negativen Auswirkungen seines Verhaltens den anderen gegenüber.
Um es zu verdeutlichen: Wenn Dir jemand ein Messer in den Rücken rammt, ist es unerheblich, ob dies absichtlich oder versehentlich geschieht – das Ergebnis ist dasselbe. Besonders für co-abhängige Menschen ist dies hart, da sie versuchen, das Verhalten des anderen zu verstehen und zu analysieren, um entsprechend zu handeln. Wichtig ist für Dich: Es gibt keinen Grund, sich ein Messer in den Rücken stechen zu lassen. Beim ersten Mal kannst Du das Gespräch suchen und klare Grenzen setzen, beim zweiten Mal wende Dich ab.

Wichtiges zu Deiner Co-Abhängigkeit:

→ **Co-Abhängigkeit schleicht sich unbemerkt ein.** Du bist so sehr darauf fokussiert, den anderen zu retten oder zu unterstützen, dass Du Deine eigenen Bedürfnisse völlig vergisst. Du siehst die Probleme des anderen als Deine eigenen an und fühlst Dich verantwortlich für sein Wohlbefinden. Dadurch wird es schwer, die Dynamik der Co-Abhängigkeit zu erkennen.

→ **Warum Du nicht raus willst:** Der Gedanke, die Beziehung zu verlassen, macht Angst. Vielleicht glaubst Du, dass Du gebraucht wirst, oder Du hoffst, dass sich der toxische Partner doch noch ändert. Die Abhängigkeit von der Nähe und das Gefühl der Verantwortung halten Dich gefangen, und die Angst vor dem Unbekannten hindert Dich daran loszulassen.

→ **Warum es keinen Sinn macht, beim toxischen Partner zu bleiben:** In einer toxischen Beziehung bleibt die Co-Abhängigkeit bestehen und führt zu weiterem emotionalem Schaden. Der toxische Partner wird sich nicht und nie ändern, solange Du Dich aufopferst und ihm die Verantwortung abnimmst. Es macht keinen Sinn, in einer Dynamik zu verharren, die Dir dauerhaft schadet und Dir die Kraft nimmt. Dein Wohlbefinden und Deine Freiheit sind es wert, Dich von dieser destruktiven Verbindung zu lösen.

Weitere tiefgreifendere Informationen findest Du in meinem Buch 2.0 https://aufgewacht.de/sucht-buch-2-0/

3.2 Co-Abhängigkeit zu einem Kind: Die schwierigste Herausforderung für Eltern

Besonders für Eltern ist das Frei- oder Loslassen des eigenen Kindes, welches in die Sucht gerutscht ist, eine der größten Herausforderungen. Viele Eltern, besonders Mütter, fühlen sich verantwortlich und glauben, sie hätten versagt. Doch es ist eklatant wichtig, zu verstehen, zu wissen und umsetzen zu können, dass Dein Kind ein eigener Mensch mit freiem Willen ist.

Du hast Deine Aufgabe erfüllt, indem Du es großgezogen hast – jetzt muss es selbst entscheiden.

Ein kleines Beispiel: Es mag Dir helfen, Dir vorzustellen, dass Du Deinem Kind eine Art „Vertrag" gegeben hast: Du hast ihm Deinen Körper gegeben, es genährt und aufgezogen. Ab jetzt muss es seine eigenen Entscheidungen treffen, und Deine Aufgabe ist es, dies zu respektieren, denn der Vertrag ist beendet! Und dies will der Süchtige, auch wenn es sich anders anfühlen mag und Dein Mutterherz schreit.

Co-Abhängigkeit ist ein unsichtbares Netz, das sich über Dein Leben legt – subtil, fast unerkennbar, bis Du merkst, wie tief Du verstrickt bist.

Du denkst, Du hilfst. Du glaubst, Du kannst oder musst retten. Aber in Wahrheit hältst Du fest: an Kontrolle, an Angst, an einer Illusion von Sicherheit.

Es ist an der Zeit, dies zu ändern. Co-Abhängigkeit ist Deine Form von Sucht: Die Sucht nach dem gebraucht zu werden und die Illusion, man könne das Verhalten eines anderen Menschen kontrollieren. Leider sind dies Verhaltensweisen, die tief in unserer Gesellschaft verankert sind, besonders in der Mutterrolle. Doch letztlich führt dies in die Machtlosigkeit und Erschöpfung – physisch, emotional und spirituell.

Es ist entscheidend, dass wir lernen, unsere Kinder freizulassen. Freilassen bedeutet nicht, sie fallen zu lassen. Es bedeutet, ihnen den Raum zu geben, ihre eigenen Entscheidungen zu treffen, ihre eigenen Fehler zu machen und letztlich ihren eigenen Weg zu finden. Dies ist der einzige Weg zur Heilung – für beide Seiten.

Und ich gehe sogar noch weiter, um kein Tabu auszulassen, es bedeutet auch zu akzeptieren, dass es die Wahl des Kindes sein kann, es nicht zu schaffen. Ich weiß, genau dies willst Du verhindern, gehst damit über jegliche Grenzen des eigenen Plans (und vielleicht göttlichen) des Kindes.

Kurze Anmerkungen:

→ Als Mensch ist der Tod schwer zu fassen, da wir diesen Menschen hier unten auf der Erde vermissen. Das ist unser Ego, der diesen Menschen behalten möchte und nicht loslassen kann.

→ Unsere christliche Lehre ist auf Leiden aufgebaut (kurz angerissen): Überall ist Jesus zu sehen, der am Kreuz hängt, der unsere Schuld auf sich genommen hat. Jesus, der leidet. Nirgends sehen wir das wunderbare, was er uns vorgelebt hat. Ebenso fungieren u. a. die Ablassbriefe der Kirche, unser Gutmenschsein, unser tief verwurzeltes Leiden, ohne dass wir uns dessen bewusst sind. Wir haben das Leiden sozusagen mit unserer Muttermilch eingesaugt und bleiben im Leiden, wenn jemand geht. Es ist für uns ein Verlust.
Ich finde, wir haben keinen gesunden und liebevollen Umgang mit dem Tod gelernt, der immer mit Schmerz und Trauer verbunden ist, siehe unsere Art von Begräbnissen. In anderen Kulturen feiern sie den Tod. Wir dagegen stehen in schwarz, dunkel und andächtig davor. Und Leiden und Schmerz sind allgegenwärtig und oft übermächtig.

→ Wir sind nicht nur Mensch, sondern Seele, die menschliche Erfahrungen machen möchte. Dies bedeutet, dass wir als Seele in unseren Ursprungsort zurückkehren. Wir kommen irgendwoher und gehen dorthin zurück. Mir gefällt der Gedanke des Paradieses aus der christlichen Lehre. Wenn Du an Reinkarnation glaubst, kommen wir alle wieder auf diese wunderbare Erde.

→ Aus Seelensicht, also einer übergeordneten Sicht, ist Dein Kind nicht weg, sondern dort, wo es herkommt und bleibt immer Teil von Dir. Es hatte eben einen kurzen Weg auf dieser Erde. Und mit diesem Gedanken kannst Du leichter los- und freilassen und Deinen Schmerz heilen.

Wie heißt es so schön:

> *Wenn die Kinder klein sind, gib ihnen Wurzeln,*
> *wenn sie groß sind, gib ihnen Flügel.*
> *Lass sie fliegen.*

Einige Schritte und Gedanken, um die schwere Aufgabe zu meistern, Deine Co-Abhängigkeit zu Deinem Kind zu lösen.

Schaue dazu bitte auch bei den anderen Kapiteln nach, dort sind weitere wichtige Aspekte enthalten, die ich nicht wiederholen kann.

1. **Angst und Schrecken sind Grundlage unserer westlichen Erziehung**: Und dies ist die Basis Deiner Co-Abhängigkeit. Ich habe auch lange gebraucht, dies tief zu erkennen und sehe es jeden Tag in meiner Praxis bei meinen lieben Klienten.

    Aber besonders zu sehen ist es, wenn ich auf die Straße gehe und die heutigen Eltern anschaue: Eine Mama mit einem dick fett vollgepackten Kinderwagen, für alle Eventualitäten bereit. Das Kind sieht eine Pfütze und will hineinhüpfen. Den Vortrag, den sich das kleine Kind anhören muss, verstehe selbst ich nicht. Denn es könnte was auch immer durch das Hüpfen in die Pfütze passieren. So wird es uns mit dem Heizen von Räumen, offenen Fenstern oder Kühlschränken und vielem mehr beigebracht, welches man alles nicht machen darf, weil dann eine Katastrophe passieren würde. Ich erinnere mich an viel Schreien in meiner Kindheit und erlebe dies heute noch ständig, dass immer mit Drohungen, Ängsten und seltsamen Folgen gearbeitet wird und uns Ängste gemacht werden, die abseits jeglicher Realität sind.

2. **Horrorszenarien:** Wir gehen immer vom schlimmsten aus und stellen uns die absoluten Horrorszenarien vor, wie oben beschrieben, ist es ein Teil von unserer Erziehung. Gerade bei Süchtigen haben wir alle Kinder wie Christiane F. im Kopf, Kinder, die es nicht geschafft habe, Kinder, die ganz unten sind und z. B. auf den Strich gehen. All das hast Du in Deinem Kopf und hast Angst, dass es Deinem Kind auch so ergehen wird.

    Das ist aber gerade nicht die Realität, das geschieht nur in Deinem Kopf und somit stülpst Du Dir und Deinem Kind etwas über, was es so gerade nicht gibt. **Bleibe im Jetzt und bei der Situation von Deinem Kind.**

3. **Bedenke, Sucht ist ein Schlund, wo mehr geben nicht funktioniert:** Sucht ist wie ein alles aufsaugender Schlund, der alles mitnimmt, was er kriegen kann. Wie das Nichts bei „Die unendliche Geschichte" oder „die Grauen Herren" bei Momo. Dein Kind hat zwei Personen in sich: den süchtigen Anteil und sich selbst. Und eins sage ich Dir: Sucht ist

kein Kobold, wie in der klassischen Therapie oft benannt. Sucht ist genauso willensstark wie Dein Kind und noch viel mehr. Und ich glaube, dem Teufel würdest Du nicht noch mehr geben wollen und Grenzen setzen, oder? Stell Dir gerne vor, dass Du dem Teufel-Anteil in Deinem Kind in die Schranken weist und nicht noch mehr gibst und somit den Kind-Anteil in Deinem Kind stärkst.

4. **Süchtige handeln oft wie kleine Kinder**: Ja, genau so, denn es ist die kindliche Klaviatur, Dich um den Finger zu wickeln, wie sie es schon als kleine Kinder mit verschiedensten Techniken versucht haben. Es ist ein Spiel der Sucht, Dich im schlechten Gewissen zu lassen, wenn Du nicht nachgibst, es ist nicht der Süchtige. Und hier musst Du lernen, dass Du dem Süchtigen nicht hilfst, wenn Du der Sucht nachgibst. **Es ist ein Unterschied, Deinem Kind zu helfen oder der Sucht.**

5. **Akzeptiere die Realität**: Erkenne an, dass Du das Leben Deines Kindes nicht kontrollieren kannst und darfst. Dein Kind ist ein eigenständiges Wesen, das seine eigenen Entscheidungen treffen muss – so schwer Dir das auch fällt. Es ist sogar wichtig für Dein Kind, selbst zu scheitern, selbst die Verantwortung zu übernehmen und zu lernen, was es für sich selbst braucht und will. Das gehört zu einem gesunden Erwachsenen dazu. Das Leben ist kein Ponyhof, wo wir immer im Flow sind, wo wir singen und tanzen. Das Leben ist ab und an hart, grausam und das muss Dein Kind lernen dürfen. Sonst wird es immer süchtig und abhängig bleiben.

6. **Verändere Deine Perspektive**: In den ersten Punkten gab ich Dir schon einige neue Sichtweisen mit, nun gehe ich noch weiter und verändere auf alles Deine Perspektive, was Du über Dich und Deine Co-Abhängigkeit denkst. Sieh Dich nicht mehr als „Retter" Deines Kindes an, sondern als Begleiter, Rahmenhalter, der es darin unterstützt, komplette Verantwortung in allen Lebensbereichen zu übernehmen. Gebe diese Verantwortung ab und lerne Vertrauen aufzubauen.

   Co-Abhängigkeit ist Dein Sparringspartner, alles aufzulösen, was an ungeheilten Themen in Dir schlummert. Und das ist viel.

7. **Setze gesunde Grenzen**: Wir haben hier nur einen schmalen Handlungsgrat, in dem Du handeln kannst. Und der ist in jeder Situation unterschiedlich und kann sich mit der Entscheidung Deines Kindes ändern, ebenso mit Deiner Entscheidung. Definiere, was für Dich in der Beziehung zu Deinem Kind akzeptabel ist und was nicht. Bleibe standhaft, wenn es

darum geht, diese Abgrenzungen zu wahren. Erkenne, dass Grenzen Akte der Liebe sind und keine Bestrafung. Abgrenzungen geben Raum, geben Kraft und Halt, auch wenn Dein Kind sich wie ein kleines Kind aufführt, den man den Lolli weggenommen hat. Denn Süchtige handeln oft wie kleine Kinder und sind bockig, wenn Du als Elternteil nicht das tust, was sie für ihre Sucht brauchen.

8. **Selbstfürsorge und Selbstliebe**: Sorge für Dich selbst. Ziehe Dich immer mehr aus dem Suchtfeld Deines Kindes raus und mache Dinge, die Dir guttun. Jeden Tag mehr. Bedenke: Du kannst nur dann für andere da sein, wenn Du auf Deine eigene mentale und körperliche Gesundheit achtest. Entgegen Deiner Sichtweise und Denken von vielen ist es kein Zeichen von Schwäche oder Scheitern, sich Pausen zu gönnen, sich um sich selbst zu kümmern und nicht um den anderen. Auch Hilfe in Anspruch zu nehmen ist eine Form von Selbstliebe, warum Du diesen Ratgeber liest.

9. **Übe freilassen statt zu kontrollieren**: Dein Kontrollzwang hält Dich in Deiner Co-Abhängigkeit. Beginne bewusst, Situationen loszulassen, in denen Du die Kontrolle behalten möchtest. Mache es gerne in kleinen Schritten und lerne dies. Stück für Stück, denn Du bist auch nicht von heute auf morgen co-abhängig geworden. Es ist ein langer und oft schwerer Prozess. **Du wirst dadurch Dir und Deinem Kind Freiheit schenken. Das, was alle benötigen!**

10. **Hole Dir Unterstützung**: Suche nach Gruppen oder Therapeuten, die sich mit Co-Abhängigkeit auskennen. Der Austausch mit anderen, die Ähnliches erleben, kann Dir helfen, neue Perspektiven zu gewinnen und Dich weniger allein zu fühlen. Besonders tiefe Schattenarbeit an Dir, dem Heilen Deiner kindlichen Wunden und Urwunden helfen Dir, aus dieser negativen Spirale auszusteigen. **In meiner Arbeit erlebe ich hier sehr zügig das Aufatmen der Co-Abhängigen, wenn sie merken, wie leicht alles gehen kann und wie viel Liebe in diesem schwer zu scheinendem Prozess steckt.**

11. **Vertraue auf den Weg Deines Kindes**: Auch wenn es schwer ist: Vertraue darauf, dass Dein Kind seinen eigenen Weg finden wird. Manchmal bedeutet Liebe, Abstand zu wahren und darauf zu vertrauen, dass es seinen eigenen Weg in die Heilung finden wird.

12. **Eigenverantwortung stärken – Hilfe zur Selbsthilfe**: Akzeptiere, dass Hilfe zur Selbsthilfe in Deinem Auftrag als Elternteil dabei war und

es gehört nicht dazu, ständig um Dein Kind zu kreisen. Ich weiß, das ist schwer und es ist auch abhängig, in welchem Alter Dein Kind ist. Dennoch kann man niemanden zwingen und Druck erzeugt Gegendruck. Indem Du Dich auf Dein eigenes Leben und Deine eigenen Ziele konzentrierst, gibst Du Deinem Kind ein Vorbild für Selbstverantwortung. Du kannst es nicht zwingen, seine Sucht zu überwinden, aber Du kannst zeigen, wie wichtig es ist, für sich selbst einzustehen und gesund zu bleiben. Wer weiß, vielleicht wird Dein Kind irgendwann die Entscheidung treffen, seinen eigenen Weg in die Heilung zu gehen?

13. **Realistische Erwartungen haben**: Es ist wichtig, realistische Erwartungen an Dein Kind und seine Fähigkeit zur Veränderung zu haben. Veränderung braucht Zeit, und Du kannst Dein Kind nicht zu schnellen Fortschritten drängen. Sei geduldig, aber halte gleichzeitig an Deinen eigenen Forderungen fest. Und in jeder Phase seiner Sucht sind andere Handlungsfelder wichtig.

14. **Unabhängigkeit fördern**: Unterstütze Dein Kind darin, Eigenständigkeit zu entwickeln, indem Du es ermutigst, seine Probleme selbst zu lösen und nicht auf Deine Hilfe angewiesen zu sein. Dies stärkt seine Eigenverantwortung und Deine Unabhängigkeit in der Beziehung zu Deinem Kind.

15. **Emotionale Distanz:** Einer der Schlüssel, den Du lernen musst, Dich emotional aus dem Suchtschlund Deines Kindes fernzuhalten. Schwer, ich weiß, versuche es dennoch. Stelle Dir eine Wolke oder Kreis vor – wenn Du wieder nur ans Kind und seine Sucht denkst, steige aus der Wolke oder dem Kreis aus. Anfangs bedarf es Übung, es wird immer leichter, je mehr Du übst. **Bedenke**: es ist niemandem geholfen, wenn Du Dich vom Suchtschlund einsaugen lässt.

Dies sind nur ein paar Schritte, mit denen Du beginnen kannst, die Ketten der Co-Abhängigkeit zu sprengen und sowohl Dir als auch Deinem Kind den Raum zur Heilung zu geben.

3.3 Co-Abhängigkeit zu Deinem Partner

Wir gehen Partnerschaften aus Liebe ein und genau deswegen wünschen wir unserem Partner nur das Beste. Daher trifft es uns umso mehr, wenn wir mit dem Thema Sucht konfrontiert werden. Viele gehen davon aus, dass wir einen Partner fürs Leben haben, wie uns unsere Eltern und Großeltern vorgelebt haben. Weiterhin wird dieses Denken durch die Kirche und die Hollywood Filme propagiert.

Doch heute ist vieles anders: Wir haben viele Trennungen und Scheidungen. Wir müssen nicht mehr aus finanziellen Gründen zusammenbleiben. Und es gibt die Aufforderung an jeden, sein Leben so zu leben, wie er es wirklich will – abseits jeglicher anderen Meinungen.
Du bist in einer Partnerschaft zu einem Süchtigen und kommst an Deine Limits und musst Dinge entgegen Deiner ursprünglichen Veranlagung und Glaubenssätze machen. Du musst akzeptieren lernen, dass Du nicht die Verantwortung für das Leben Deines Partners übernehmen kannst. Dein Partner muss die Verantwortung für seine eigene Heilung tragen. Es ist in Ordnung, zu lieben und zu unterstützen und gleichzeitig musst Du den anderen freilassen und Deinen eigenen Raum bewahren.

Ich spreche aus eigener Erfahrung, nicht nur als ehemals Süchtige, sondern ich musste sehr oft die schmerzhafte Aufgabe bewältigen, viele Partner freizulassen. Sogar die Meisterschaft des Dualseelenprozesses kam in mein Leben, bei der ich meine zweite Seelenhälfte freilassen musste. Ganz kurz: Das Konzept der Dualseele sagt, dass eine Seele als zwei Menschen auf die Erde geht, um maximale Erfahrungen zu machen. Da beide dual sind, spiegeln sie sich die krassesten Wunden. Wunden, die man vorher noch nicht einmal erahnte. Weiteres dazu in einem Video von mir *https://youtu.be/eCxzi8JV-e0*.

Co-Abhängigkeit in einer Partnerschaft ist eine stille Spirale, die Dich nach und nach verschlingt, während Du glaubst, dem anderen zu helfen. Was ich intuitiv schon immer getan habe – und was ich Dir mitgeben möchte – ist, dass wahre Hilfe bedeutet, den Mut zu haben, los- bzw. freizulassen. Freizulassen aus Liebe, freizulassen, um dem anderen Raum zu geben, die Verantwortung für sein Leben zu übernehmen.

Freilassen bedeutet nicht, dass Du den anderen aufgibst, sondern dass Du begreifst, dass Du ihn nicht retten kannst. Es ist an der Zeit, nicht mehr zu kämpfen, sondern Dich selbst zu schützen, Dich selbst wiederzufinden. Ich weiß, wie schwer dieser Schritt ist, besonders wenn Du den Menschen liebst, der gerade im Chaos der Sucht gefangen ist. Wenn Du in der Co-Abhängigkeit bleibst, verlierst Du nicht nur Dich selbst, Du hältst auch den Süchtigen in seiner Rolle gefangen und verlierst ihn somit erst recht.

Hier sind einige wichtige Schritte, um Deinen Partner freizulassen.

Schaue dazu bitte auch bei den anderen Kapiteln nach, dort sind weitere wichtige Aspekte enthalten, die ich nicht wiederholen kann.

1. **Dein Partner, Dein Mann gehört nicht Dir oder zu Dir:** Ja harte Worte, ich weiß, aber so ist es. Wir kommen aus einem Mangel- und Besitzdenken, wo unser Partner in uns etwas füllt, was wir mit uns selbst füllen müssen. So ist auch das Denken, dass wir auf immer und ewig zusammen sind, ein falsches Konstrukt, die Dich in Deiner Abhängigkeit zu Deinem Partner hält.

2. **Löse Dich vom Hollywood-Denken,** von den ganzen „falschen Geschichten", z. B. wo der Badboy gut wird oder der Vampir, der wegen der Liebe zu dem Mädchen keiner mehr sein will.

3. **Heile Deine Wunden und Urwunden** und erkenne an, dass Du Dinge gespiegelt bekommst, die Du nicht hören willst und auch nicht wusstest. Dazu ist dieser Prozess da.

4. **Selbstbestimmung zurückgewinnen**: Verstehe, dass Du nicht verantwortlich für das Leben Deines Partners bist. Du kannst ihn nicht "reparieren". Er muss seine eigenen Schritte gehen.

5. **Grenzen setzen, ohne Schuldgefühle**: Es ist wichtig, dass Du klare Grenzen für Dich selbst setzt, ohne Dich dabei schuldig zu fühlen. Deine Abgrenzungen dienen Deinem Schutz und sind Ausdruck von Selbstliebe. Ebenso sind diese Ausdruck Deiner Liebe zu Deinem Partner. Auch wenn wir unseren Partner lieben, ist es eklatant wichtig, den eigenen Bereich, Dein eigenes Selbst, nicht nur zu schützen, sondern Dich um Dich selbst zu kümmern: Selbstfürsorge, Selbstliebe und alle weiteren Selbstthemen.

Wenn beide sich um sich selbst kümmern, ist keiner mehr vom anderen abhängig.

6. **Dein Kampf gegen zwei Personen:** Stell es Dir wie ein Band zwischen Dir und Deinem Partner vor: An diesem Band ziehen drei Personen: Dein Partner, seine Sucht und Du. Und wenn Du Dir jetzt das Bild anschaust, wirst Du sehen, dass Du gegen zwei Personen ziehst und immer verlieren wirst – egal, wie stark Du bist.

7. **Bedenke: Sucht hat unheimliche Kräfte**, die nie enden. Sucht zieht aus einem Feld, welches nur der Abhängige selbst verlassen kann, sonst wird er immer mit der Sucht verbunden bleiben. Was würdest Du als Erwachsener beim Tauziehen an einem Seil sagen, wenn Du gegen zwei stärkere Partner ziehen musst? Genau, Du würdest sagen, dass Du bei so ungerechten Bedingungen nicht mitmachst.

   Es gibt das sogenannte Quantenfeld der Sucht, eine Art Informationswolke, in der alle Themen zu allen Süchtigen und Süchten gespeichert sind. Mit diesem Feld ist der Süchtige verbunden und dieses Feld will genährt werden. Es versucht sozusagen, den Süchtigen in der Sucht zu halten. Und aus diesem Feld und dieser Verbindung muss der Süchtige alleine rauskommen. Und da kann keiner ihm helfen.

8. **Freilassen, um Raum zu schaffen**: Nur wenn Du freilässt, bekommt Dein Partner die Möglichkeit, seine eigene Verantwortung überhaupt wahrzunehmen. Solange Du ihn trägst, wird er nicht lernen, komplett auf eigenen Beinen zu stehen. Dies erfordert anfangs Mut und wandelt sich in gesunde Liebe für Euch beide.

9. **Deine eigene Heilung priorisieren**: In einer Beziehung mit einem Süchtigen geht Deine eigene emotionale Gesundheit verloren. Indem Du freilässt, gibst Du Dir selbst den Raum, um zu heilen und wieder zu Dir selbst zu finden. Hole Dir Hilfe, schaue nach Deinen kindlichen Wunden und Urwunden, mache Dinge, die Du schon immer tun wolltest, auch ohne ihn. Lebe, liebe und lache und löse Dich damit immer mehr aus dieser Suchtfalle. Wenn Du dies tust, zeigst Du dem Süchtigen, dass es Hilfe gibt, dass auch er es schaffen kann, indem er neue Wege beschreiten könnte. Dies ist der Gamechanger in Deiner Co-Abhängigkeit.

10. **Verantwortung abgeben**: Es ist nicht Deine Aufgabe, den Weg Deines Partners zu bestimmen. Lass ihn selbst herausfinden, wie er mit seiner Sucht umgehen will – das ist seine Verantwortung, nicht Deine. Bleibe

jedoch bei Dir, wenn er z. B. eine Reha abbricht und dies für Dich nicht tragbar ist. Trage nun Du Deine Verantwortung und tue das, was Du gesagt hast, was Du tun würdest, z. B. auf Zeit trennen. Bleibe in dem, was Du tust, glaubhaft und konsequent, denn Du handelst gegen die Sucht und für den Menschen in der Sucht.

11. **„Hilf Dir selbst, dann hilft Dir Gott":** Dies gilt nicht nur für Dich, sondern besonders für den Süchtigen. Auch wenn ich aus der Bibel zitiert habe, ist dieser Satz für mich eins der Lebensprinzipien, die wir alle kennen und umsetzen müssen. Gerade bei Sucht werden wir komplett aufgefordert, in die Eigenmacht zu gehen. Egal in welcher Rolle. Entscheidend ist, dass Du Dich zuerst um Dich selbst kümmerst. Nur wenn Du stark und in Balance bist, kannst Du überhaupt Unterstützung anbieten. Deine eigene Heilung und Selbstfürsorge sind von größter Bedeutung.

12. **Akzeptanz der Realität:** Es mag hart sein, aber Du musst akzeptieren, dass Dein Partner eventuell nicht bereit ist, sich zu verändern oder noch nicht die Kraft gegen die Sucht hat. Freilassen heißt, diese Realität zu sehen, ohne Dich daran zu binden. Stell es Dir wie Zeitlinien vor, die man immer wieder neu wählen kann. Du kannst aus der jetzigen Realität aussteigen und in eine andere, bessere Realität gehen.

    Definition Zeitlinien: Für mich sind Zeitlinien parallele Realitäten, in denen jede Zeitlinie eine alternative Version unseres Lebens darstellt. Diese verschiedenen Zeitlinien entstehen durch die Entscheidungen, die wir treffen, oder die Energie, die wir aussenden. Es gibt nicht nur eine feste Realität, sondern unzählige Möglichkeiten, die sich je nach unserem inneren Prozess entfalten können. Durch Meditation, Bewusstseinsveränderung oder innere Arbeit können wir aktiv Einfluss darauf nehmen, welche Zeitlinie wir erleben, und auf eine höher schwingende oder wünschenswertere Zeitlinie wechseln.

13. **Freiheit für beide:** Indem Du freilässt, schenkst Du Euch beiden Freiheit. Du befreist Dich aus der Co-Abhängigkeit und gibst Deinem Partner die Möglichkeit, eigenverantwortlich zu handeln – ob er das tut, liegt nicht in Deiner Macht. Vertraue hier dem göttlichen Plan, dem Leben oder wie Du es nennen magst. Meiner Erfahrung nach tun sich Menschen an diesem Punkt leichter, wenn sie an etwas Höheres und Gerechteres glauben.

14. **Trennung – auch auf Zeit möglich:** In meiner Suchtreha habe ich das bei anderen Mitpatienten miterleben dürfen und finde dies eine extrem sinnvolle Möglichkeit, dass Partner sich auf Zeit trennen, um dann immer

wieder zu schauen, wo sie im Moment stehen, ob und wie sie zusammen sein können. Für mich gehört das zu meiner Arbeit genauso dazu wie dort in der Reha, denn dies bedeutet absolute Liebe zu sich und seinem Partner. Es kann sich für Dich seltsam anfühlen, ist jedoch ein eklatant sinnvoller Schritt, um aus dem negativen Suchtfeld und Deiner Co-Abhängigkeit auszusteigen und freilassen zu lernen. Mache Dir bewusst, dass Trennungen nicht endlich sein müssen, sondern Euch neue Möglichkeiten eröffnen.

15. **Wahre Liebe lässt los und frei.** Das ist schwer und wir alle wissen das, jedoch scheitern viele an der Umsetzung. Mache Dir bewusst, dass es ok ist, wenn Du noch nicht loslassen konntest. Erlaube Dir nun weiterzugehen. Mir hat ein Text von Lola Jones in einem ihrer Bücher gefallen, die geschrieben hat, dass sie immer wusste, dass es nie nur den einen Partner für sie gab, weil sie wusste, dass sie sich immer weiter entwickeln wird, sie wird immer weitergehen. Und wenn der Partner nicht mitkann, dann ist das ok und es wird der nächste wunderbar Partner kommen. Das schrieb sie so voller Liebe, Hingabe und Vertrauen – an sich und die Partner. Löse Dich von allen alten Zwängen und glaube mir, Du bist auf dem besten Weg zu Deinem wahren Potential: Deiner Seele.

Diese Schritte helfen Dir, wieder zu Dir selbst zu finden und gleichzeitig Deinem Partner den Raum zur eigenen Heilung zu geben.

3.4 Co-Abhängigkeit zu einem Elternteil

Einen Elternteil loszulassen, der in einer Sucht gefangen ist, gehört zu den schwersten Prüfungen, denen Du Dich im Leben stellen musst, besonders wenn Du jung bist. Es fühlt sich an, als ob Du gegen das tiefste Prinzip Deiner menschlichen Natur verstoßen müsstest – die Bindung zu Deinen Eltern, die Du seit Deiner Geburt in Dir trägst. Du warst zwölf bis vierzehn Jahre abhängig von Deinen Göttern in Weiß: Deinen Eltern. Und nun stellst Du fest, dass einer süchtig ist. So krass dies für Deine Psyche ist, so ist es ein großes Lernfeld für Dich als Co-Abhängigen.

Ich finde hier das Wort „Loslassen" passender als „Freilassen", weil es eine andere Intention übermittelt.

Anmerkung: *Die Frage, ob Kinder aus ihrer Familie genommen werden sollten, ist ein äußerst schwieriger und sensibler Punkt. Grundsätzlich muss dies in Betracht gezogen werden, jedoch muss immer der Einzelfall sorgfältig geprüft werden, insbesondere im Hinblick auf das Kindeswohl. Es ist verständlich, dass ein Kind bei seinem Elternteil bleiben möchte, da es emotional von ihm abhängig ist.*
Ich gehe bei Dir davon aus, dass Du in einem erwachsenen Alter bist und Dich von Deinem süchtigen Elternteil lösen willst.

Besonders in der Beziehung zu einem süchtigen Elternteil verlierst Du Dich gerne in Schuldgefühlen und falscher Verantwortung. Vielleicht glaubst Du, Du müsstest Deinen Elternteil retten, für ihn da sein, die Dinge in Ordnung bringen, weil Du es ihm schuldest, weil Dein Elternteil früher für Dich da war. Doch bedenke, dass Euer Vertrag eines Tages ausläuft: Das Elternteil hat Dich eine Zeitlang begleitet, um Dich auf die Welt zu bringen, jetzt dürfen sich Eure Wege trennen. Weiterhin gilt der freie Wille und daran kannst Du nichts ändern. Dein Elternteil hat, genauso wie Du, einen eigenen Seelenplan – einen Weg, den er oder sie selbst wählen und durchleben muss. Egal, wie schwer es Dir fällt, diese Tatsache anzunehmen: Du kannst den Lebensweg Deines Elternteils nicht lenken.

Das Loslassen eines Elternteils ist kein endgültiger Abschied, sondern ein langsamer Prozess der Übergabe. Du gehst aus der Rolle des Kindes raus, wirst erwachsen und gibst die Kontrolle über das Leben des Elternteils wieder an ihn ab: das ist keine Schwäche, sondern eine absolute Notwendigkeit! Du gibst ihm die Chance, selbst Verantwortung zu übernehmen, Entscheidungen zu treffen und die Konsequenzen des eigenen Handelns zu erfahren. Diese Übergabe ist nicht nur für den süchtigen Elternteil wichtig, sondern auch für Dich – es ist der Schritt, den Du tun musst, um Dich aus der Co-Abhängigkeit zu befreien.

Loslassen bedeutet, aus dem starren Familienkonstrukt auszusteigen, das Elternteil in seiner Rolle freizugeben und in Dein eigenes Leben zu gehen, voller Liebe und Dankbarkeit, dass er Dein Elternteil war. So respektierst Du seinen Weg und besonders Deinen eigenen mutigen Weg. Dies ist absolute Selbstliebe, Selbstschutz und das schönste Geschenk, welches Du Deinem Elternteil geben kannst. Ich gehe davon aus, dass kein Elternteil im Grunde seines Herzens will, dass Du unter seiner Sucht leidest. Falls dies der Fall sein sollte, dann frage Dich, ob er es verdient hat, dass Du Dich um ihn kümmerst.

Hier sind einige Schritte, um Deinen süchtigen Elternteil loszulassen.

Schaue dazu bitte auch bei den anderen Kapiteln nach, dort sind weitere wichtige Aspekte enthalten, die ich nicht wiederholen kann.

1. **Deine kindliche Abhängigkeit:** Kinder sind zwölf bis vierzehn Jahre von ihren Eltern – den Göttern in Weiß – abhängig. Danach beginnen sie, sich emotional zu lösen. Viele schaffen dies jedoch nicht und bleiben in einer kindlichen Abhängigkeit (siehe Kapitel weiter vorne).

2. **Blut ist nicht dicker als Wasser:** Du musst nicht in Deiner Familie bleiben, nur weil Du dort geboren wurdest. Früher war dies überlebenswichtig, heute ist es Deine Aufgabe, die Menschen zu finden, die Dir guttun und die so sind wie Du. Lerne diese alten Familienvorstellungen zu cutten und suche neue Wege, die Dir guttun, dann tust Du auch Deiner Familie gut.

3. **Deine besondere Stellung in der Familie:** Erkenne, dass besondere Menschen gerne in schwierige Familienverhältnisse hineingeboren werden. Wenn Du diese Zeilen liest, bist Du im Regelfall anders als viele Menschen, z. B. hochsensibel, das schwarze Schaf in der Familie, nicht passend zu den anderen Familienmitgliedern. So hast Du eine besondere Aufgabe im Familienkonstrukt: Du musst dieses Konstrukt sprengen, um

Dich selbst zu befreien und den anderen Mitgliedern den Spiegel vorhalten. Ob sie das sehen oder umsetzen wollen, obliegt ihnen.

4. **Cutten von Familienbanden:** Löse Dich sofort von der Vorstellung, für immer Kind Deiner Eltern zu sein. Dies ist eine „Illusion". In Deinem kindlichen Anteil denkst Du vielleicht noch: „Er ist mein Vater, er muss besser sein als ich", aber das ist nicht immer so. Ich erlebe es häufig in meiner Praxis, dass Kinder ihre Eltern „toppen". Und soll ich Dir etwas sagen: das ist ok so. Definiere Deine Rolle als Kind anders: Deine Eltern brachten Dich auf die Erde, damit Deine Seele wachsen darf. Mache Dir klar, dass sie weder besser noch weiter als Du sind, sondern sie waren die ersten Jahre für Dich da und **gaben Dir Flügel: also flieg in Dein Leben.**

5. **Überforderung des Elternteils:** Akzeptiere, dass Dein Elternteil mit dem Leben überfordert ist und sich die Sucht ausgesucht hat. Es hätte eine andere Krankheit sein können wie Krebs oder Depression. Natürlich ist es schwer zu verstehen, dass Dein geliebter Elternteil süchtig ist und nicht aus der Sucht aussteigen kann. Jedoch überhöhst Du ihn in seiner Rolle als Elternteil, z. B. mein starker Vater hat mich immer getragen, meine mich umsorgende Mama hat mich immer getröstet.

6. **Auflösen von Süchten in Deiner Familie:** Sucht ist in jedem Familiensystem. Es bedarf besonderer Menschen, hier hinzuschauen und dies aus dem Familiensystem anzufangen zu lösen. D. h. nicht, dass Du die ganzen Süchte von jedem tragen musst (was oft der Fall ist), sondern dass Du aussteigst, dass Du bei Dir aufräumst und somit anfängst, diese Verbindungen zu cutten. So zeigst Du den anderen, dass es machbar ist und trägst Deinen Teil der Verantwortung.

7. **Akzeptiere den freien Willen:** Dein Elternteil hat, genau wie Du, das Recht, seine eigenen Entscheidungen zu treffen. Egal, wie sehr Du versuchst, Einfluss zu nehmen – am Ende liegt es an ihm oder ihr, den eigenen Weg zu finden.

8. **Vertraue auf den Seelenplan:** Es kann schwer sein, aber vertraue darauf, dass jeder Mensch seinen eigenen Seelenplan hat. Vielleicht muss Dein Elternteil durch diese Herausforderung gehen, um zu wachsen. Es ist nicht Deine Aufgabe, diesen Plan zu ändern.

9. **Langsame Übergabe statt abruptem Loslassen:** Du musst nicht von heute auf morgen alles loslassen. Beginne, die Verantwortung langsam

abzugeben. Lass Deinen Elternteil seine eigenen Entscheidungen treffen, auch wenn sie nicht immer richtig erscheinen.

10. **Respektiere Deinen eigenen Weg:** Während Du versuchst, Deinen Elternteil zu unterstützen, darfst Du Dich selbst nicht verlieren. Dein Weg ist genauso wichtig. Erlaube Dir, Raum für Dich selbst zu schaffen, um Abstand zu gewinnen und Deine eigene Kraft zu finden. Dies kannst Du in jeder Situation neu anpassen und neue Wege gehen.

11. **Du bist wichtiger als er:** Ja, Du hörst richtig. Und dies habe ich bewusst geschrieben, denn auch wenn es Deine Mama oder Papa sind, sie haben ihren Auftrag erfüllt, als sie Dir das Leben und ihren Körper schenkten, **jetzt lebe Dein Leben.**

12. **Die Illusion der Kontrolle aufgeben:** Glaube nicht, dass Du Kontrolle über das Leben Deines Elternteils hast. Indem Du diese Illusion aufgibst, machst Du den ersten Schritt, um Dich aus der Co-Abhängigkeit zu lösen.

13. **Selbstliebe und Mitgefühl:** Loslassen bedeutet nicht, dass Du aufhörst, Deinen Elternteil zu lieben. Vielmehr bedeutet es, dass Du beginnst, Mitgefühl für Dich selbst zu entwickeln. Oft übernehmen wir die Verantwortung für das Leben eines Elternteils, weil wir glauben, dass wir ihnen helfen oder sie beschützen müssen. Doch in Wahrheit übernimmst Du eine Last, die nicht Deine ist. Indem Du freilässt, zeigst Du Selbstliebe, indem Du Dich selbst vor Überforderung schützt und aufhörst, die gesamte Verantwortung für das Wohlbefinden Deines Elternteils zu tragen. Du kannst weiterhin lieben und unterstützen, aber ohne Dich selbst dabei zu verlieren.

14. **Mitgefühl statt Mitleiden:** Wir haben gelernt mitzuleiden statt mitzufühlen, d. h. wir tauchen emotional in das Leid des anderen ein und leiden somit mit. So haben wir keine eigene Grenze. Wenn Du mitfühlend bist, bist Du bei Dir und dem anderen, ohne seine Last zu tragen. Wichtig: Mitfühlend zu sein bedeutet, die Gefühle des anderen zu verstehen und empathisch zu reagieren, ohne dabei selbst in das Leid hineingezogen zu werden. Es heißt, Unterstützung zu geben, ohne emotional auszubrennen.

15. **Selbstschutz:** Indem Du Dich aus der Sucht Deines Elternteils befreist, gehst Du in den wichtigsten Schritt der Selbstliebe: Du lernst Dich zu schützen, Dich wieder in den Mittelpunkt Deines Universums zu stellen. Und Du befreist Dich von Deiner kindlichen Abhängigkeit.

16. Freiheit für alle Familienmitglieder: Du brichst das Schweigen, Du machst auf Ungleichgewichte im Familiensystem aufmerksam und zeigst einen neuen Weg, mit diesen gesund umzugehen: Dies schafft Freiheit für alle, die mitgehen wollen. Und ist ein Akt von Mut und Liebe.

Loslassen eines Elternteils ist ein langsamer, schmerzhafter Prozess, aber es ist ein Akt der tiefsten Liebe. Du sagst damit: "Ich liebe Dich genug, um Dir Deinen eigenen Weg zu überlassen, auch wenn es mir schwerfällt." Der Schlüssel liegt im Gleichmut, im Vertrauen auf den freien Willen und den Seelenplan jedes Einzelnen. Übergabe bedeutet, zu erkennen, dass Du nicht verantwortlich für das Leben Deines Elternteils bist, sondern nur für Dein eigenes. Und darin liegt Deine wahre Freiheit.

3.4 Co-Abhängigkeit zu einem Freund

Einen süchtigen Freund freizulassen, fühlt sich an, als würdest Du einen Teil von Dir selbst aufgeben. Ein Freund steht uns oft näher als unsere Eltern oder Geschwister, denn einen Freund suchen wir uns aktiv aus, mit dem verbindet uns sehr vieles.

Doch wenn die Sucht immer stärker wird, wirst Du irgendwann vor die Frage gestellt: **Wie lange kann ich noch bleiben, ohne mich selbst dabei zu verlieren?** Freilassen bedeutet nicht, Deinen Freund im Stich zu lassen, sondern ihm liebevoll die Verantwortung für sein Leben zu übergeben – und gleichzeitig wieder zu Dir selbst zurückzufinden.

Auch in Freundschaften ist die Grenze zwischen Unterstützung und Co-Abhängigkeit schwer zu ziehen. Du möchtest helfen, möchtest für ihn da sein, ihm Deine Hand reichen, weil Du weißt, dass Dein Freund tief in seinem Inneren leidet. Doch auch hier: Du kannst ihn nicht retten. Freilassen heißt nicht, Eure Freundschaft zu beenden, sondern die Kontrolle aufzugeben und zu vertrauen, dass Dein Freund seinen eigenen Weg finden wird – egal welchen. Das liegt nicht in Deiner Hand.

Freilassen in einer Freundschaft ist somit kein harter Bruch, sondern eine Übergabe, eine schrittweise Distanzierung, die Dir und Deinem Freund Luft zum Atmen lässt. Es geht darum, die Verantwortung, die Du vielleicht unbewusst übernommen hast, wieder zurückzugeben – ihn an seine Kraft zu erinnern und Dich aus dem Schlund der Sucht zu befreien. Du wirst lernen, dass Freilassen ein Prozess ist, der nicht sofort mit einem endgültigen Abschied endet, sondern durch viele kleine Schritte zu einem gesunden Umgang führt.

Hier sind einige Schritte, um Deinen Freund freizulassen.

Schaue dazu bitte auch bei den anderen Kapiteln nach, dort sind weitere wichtige Aspekte enthalten, die ich nicht wiederholen kann.

1. **Verantwortung abgeben:** Du bist nicht für das Leben Deines Freundes verantwortlich. Auch wenn Du ihn liebst, wirst Du seine Probleme nicht für ihn lösen können. Gib ihm die Verantwortung für seine Entscheidungen und sein Leben zurück. Auch wenn er z. B. keinen Menschen mehr hat, ist seine Sucht auch Dein Feind, die Dich mit runterzieht und auslaugt.

Auch er wird sich wie ein kleines bockiges Kind verhalten und Dir z. B. die Freundschaft kündigen, wenn Du nicht tust, was seine Sucht will.

2. **Vertraue seinem Seelenplan:** Jeder Mensch hat seinen eigenen Weg, seinen eigenen Seelenplan. Vielleicht muss Dein Freund diese Phase der Sucht durchleben, um zu wachsen oder zu lernen. Vertrauen heißt, zu akzeptieren, dass Du nicht alles lenken kannst. Und auch hier hilft die Vorstellung, dass Ihr einen Teil des Weges gemeinsam gegangen seid, und es nun neuer Regeln, Absprachen, Trennung auf Zeit oder komplette Trennung gibt. Jederzeit kannst Du die Form Eurer Freundschaft verändern. Mache Dir dies liebevoll bewusst.

3. **Übergabe statt abruptem Loslassen:** Du musst die Freundschaft nicht sofort aufgeben. Es kann ein langsamer Prozess sein, in dem Du Dich Stück für Stück distanzierst. Du wirst merken, indem Du freilässt, wie Du mehr Raum für Dich selbst schaffst, somit mehr Abstand und Klarheit bekommst und besser entscheiden kannst, was sinnvoll ist zu tun.

4. **Grenzen setzen:** Freilassen bedeutet, klare Grenzen zu ziehen. Dein Freund muss wissen, dass Du für Dich selbst sorgst und dass Du Dich nicht mehr in seine Sucht hineinziehen lässt. Diese Grenzregeln sind nicht hart oder lieblos, sondern radikal liebevoll. Und dies weiß Dein Freund in seinem Herzen, seine Sucht sieht das anders. **Wir sind es gewohnt, für Menschen Leid und Schmerz mit zu übernehmen, jedoch entbinden wir ihn damit seiner Eigenverantwortung und machen ihn klein. Du nimmst ihm sogar einen Teil seines Potentials weg, welches er für seinen Weg aus der Sucht benötigt.**

5. **Selbstfürsorge:** Du kannst nicht helfen, wenn Du Dich selbst dabei aufgibst. Sorge gut für Dich, nimm Dich selbst ernst und erkenne, dass Du genauso wichtig bist wie Dein Freund. Selbstliebe ist in diesem Prozess unerlässlich. Oft stelle ich meinen Klienten die Frage: „Was würdest Du Deiner co-abhängigen Freundin raten?" Meine Antwort ist dann, dass sie dies jetzt selbst umsetzen sollen, was sie ihrer Freundin raten würden. Also höre Dir selbst zu und setze um.

6. **Emotionale Distanz bewahren**: Gewinne emotionalen Abstand, um nicht in die Probleme Deines Freundes hineingezogen zu werden. Indem Du Dich auf Deine eigenen Gefühle konzentrierst und Dich nicht von der emotionalen Achterbahn Deines Freundes mitreißen lässt, schützt Du Dich vor Überforderung. Dies habe ich in der Suchtreha gut beobachten

können, wie sich viele nicht von den anderen Patienten abgrenzen konnten und unterbewusst deren Probleme übernommen haben. Ich machte mir wenig Freunde bei diesen Menschen, in dem ich immer klar bei mir blieb und nach mir schaute. Und genau das ist **Dein Lernfeld Deiner Co-Abhängigkeit.**

7. **Unterstützung suchen**: Auch als Freund ist es sinnvoll, Dir Unterstützung zu suchen, denn Du leidest mit Deinem Freund und wirst in Deinen eigenen emotionalen Wunden getriggert, die nun heilen dürfen. So kannst Du besser einen gesunden Abstand zur Sucht Deines Freundes wahren.

8. **Freiraum schaffen:** Indem Du die Kontrolle aufgibst und Dich langsam zurückziehst, gibst Du Deinem Freund den Raum, den er braucht, um seine eigenen Entscheidungen zu treffen. Du bist nicht sein Retter, sondern jemand, der ihm die Freiheit lässt, seinen eigenen Weg zu finden.

9. **Freilassen als Akt der Freundschaft:** Freilassen heißt nicht, dass Du aufhörst, Deinen Freund zu lieben. Es bedeutet, ihm zu vertrauen – auch wenn er vielleicht andere Entscheidungen trifft, als Du es Dir wünschst. Es ist ein Zeichen von tiefem Respekt und echter Freundschaft, wenn Du ihm seine Freiheit gibst.

Freilassen in einer Freundschaft ist ein Akt des Muts. Es bedeutet nicht, dass Du den anderen aufgibst, sondern dass Du Dir selbst die Erlaubnis gibst, Dich aus der Co-Abhängigkeit zu befreien. Übergabe bedeutet, Deinem Freund zu erlauben, sein Leben zu leben, ohne dass Du ständig versuchst, es zu kontrollieren oder zu verbessern.

Du gibst ihm die Chance, sich selbst zu finden – und Dir die Chance, Deine eigene Freiheit und innere Balance wiederzuentdecken. In diesem Prozess wirst Du erkennen, dass Freilassen in Wahrheit ein Akt der Liebe ist – sowohl zu Dir selbst als auch zu Deinem Freund. Und sei dankbar, diesen wunderbaren Menschen kennengelernt zu haben, der mit dem Leben überfordert ist und sich die Sucht als Sparringspartner ausgesucht hat.

Dein Sparringspartner ist Deine Co-Abhängigkeit.

4. Basiswissen: Grundgedanken eines Süchtigen oder der Sucht

Warum es nichts mit Dir zu tun hat

Es ist wichtig zu verstehen, dass die Sucht nichts mit Dir persönlich zu tun hat. Wenn Du mit einem süchtigen Menschen zu tun hast, musst Du wissen, dass er auf eine bestimmte Weise denkt, die von der Substanz oder dem Verhalten gesteuert wird. Es geht nicht darum, Dich zu verletzen oder abzulehnen. Die Sucht übernimmt das Denken und Handeln, ohne dass der Betroffene es kontrollieren kann.

Das ist keine Ausrede, sondern der Versuch, Dir zu erklären, dass die Krankheit stärker ist als die Absichten dahinter. Du bist nicht die Ursache für dieses Verhalten und trägst keine Schuld oder Verantwortung daran.

Hier ein paar Grundgedanken eines Süchtigen und seiner Sucht

→ **Sucht ist wie ein alles verschlingender Schlund**
Sucht will alles in sich hineinziehen, auch Dich. Der Süchtige will das nicht, aber er kann nicht anders. Die Sucht braucht immer mehr, wie das „Nichts" aus der „*Unendlichen Geschichte*" oder die „*grauen Herren aus Momo*" – genau so verhält es sich.

→ **Der Süchtige will oft raus, kann es aber nicht:** Es ist, als würde ihn die Sucht von innen auffressen. Viele Süchtige wollen aus diesem Zustand heraus, doch das Gefühl der Leere oder ihre Überforderung fressen sie von innen auf. Stell Dir vor, jemand wäre im Maul einer riesigen Schlange gefangen. Würdest Du versuchen, ihn zu retten, indem Du in das Maul springst? Nein. Doch genau das tust Du, wenn Du versuchst, einen Süchtigen zu retten.

→ **Mitleid hilft nicht**: Mitleid wegen einer schwierigen Kindheit oder anderer Probleme bringt in dieser Situation nichts. Es gibt Gründe für die Sucht, diese jedoch als Ausrede zu benutzen, überwindet die Abhängigkeit nicht. Diese Entschuldigungen helfen weder Dir noch dem Süchtigen. Es ist eklatant wichtig, dass der Süchtige seine Verantwortung komplett übernimmt, d. h., dass er für jeden Schluck, den er getrunken hat, selbst verantwortlich ist und niemand anderes. Da unterschied ich mich von vielen Süchtigen, weil ich dies radikal tat. Die Verantwortung über seine Sucht zu übernehmen ist einer der Gamechanger in der Suchtrehabilitation. Jedoch muss dies der Süchtige selbst erkennen. Bleibe hier hart, stoppe das Mitleid und bleibe bei Dir.

→ **Eifersucht auf die Sucht**: Du spürst vielleicht Eifersucht auf das Suchtmittel, weil Du das Gefühl hast, damit konkurrieren zu müssen. Das ist hart, aber wahr. Du denkst, dass Deine Liebe den anderen von der Sucht abbringen kann. Wenn das jedoch nicht gelingt, machst Du Dich klein und fühlst Dich wertlos, weil Du gegen das Suchtmittel nicht ankommst.

→ **Der Glaube, es alleine zu schaffen**: Viele Süchtige glauben fest daran, dass sie es allein schaffen können. Sie haben oft den kindlichen Glauben, am nächsten Morgen aufzuwachen und plötzlich die nötigen Werkzeuge zur Bewältigung der Sucht zu besitzen. Doch dieser naive Glaube führt sie in die Irre.

→ **Angst vor Gesichtsverlust**: Süchtige kämpfen häufig mit einem enormen Druck, alles allein bewältigen zu müssen. Sie wollen stark wirken und haben Angst davor, als schwach, hilfsbedürftig oder als Versager zu erscheinen. Du kennst sicher solche Sätze: „Ich brauche doch keine Hilfe" oder „Ich schaffe das alles allein". Es sind Stolz oder Scham, die sie daran hindern, um Unterstützung zu bitten.

→ **Perfektionismus als Schutzschild**: Viele Süchtige glauben, dass nur Versager um Hilfe bitten. Sie versuchen, sich perfekt zu geben, auch wenn die Realität ganz anders aussieht. Es ist der innere Druck, der sie immer wieder in die Sucht treibt.

→ **Gefühle von Schuld, Scham und Ohnmacht**: Diese drei Gefühle sind die schwersten für uns Menschen, besonders Ohnmacht ist für uns fast nicht aushaltbar. Der Süchtige hat massiv mit diesen drei schweren Gefühlen zu kämpfen. Bedenke, dass diese drei Gefühle in seiner Sucht eng miteinander verknüpft sind und einen destruktiven Kreislauf bilden: Die Schuld über das eigene Verhalten führt zu Scham, die das Selbstwertgefühl schwächt. Diese Scham verstärkt das Gefühl der Ohnmacht, was es noch schwerer macht, Verantwortung zu übernehmen und aus der Sucht auszubrechen. Dadurch werden süchtige Verhaltensweisen immer weiter verstärkt. Der Süchtige bleibt im Teufelskreis gefangen.

o **Schuld**: Süchtige haben Schuldgefühle aufgrund der Auswirkungen ihres Handelns auf sich selbst und andere. Sie sind sich bewusst, dass ihr süchtiges Verhalten Beziehungen schädigt, ihre Gesundheit gefährdet oder berufliche und persönliche Verpflichtungen vernachlässigt. Dieses Bewusstsein erzeugt Schuld, die wiederum den Teufelskreis der Sucht verstärkt. Anstatt sich der Schuld zu stellen, nutzen sie die Sucht, um das unangenehme Gefühl zu betäuben, was die Schuld jedoch langfristig verstärkt.

o **Scham**: Scham geht noch tiefer als Schuld und betrifft das Selbstwertgefühl der Betroffenen. Während Schuld oft mit konkretem Fehlverhalten verbunden ist („Ich habe etwas Schlechtes getan"), ist Scham persönlicher („Ich bin schlecht"). Süchtige empfinden starke Scham, da sie sich selbst als unzulänglich oder wertlos wahrnehmen. Diese Scham verhindert, dass sie Hilfe suchen oder sich ihre Probleme eingestehen, weil sie befürchten, abgelehnt oder verurteilt zu werden. Die Scham verstärkt das Bedürfnis, sich mit dem Suchtmittel zu betäuben.

o **Ohnmacht**: Ohnmacht bezieht sich auf das Gefühl, die Kontrolle über das eigene Leben und Verhalten verloren zu haben. Süchtige erleben häufig das Gefühl, von ihrer Sucht überwältigt zu werden und keine Macht mehr über ihre Entscheidungen zu haben. Dieses Gefühl der Hilflosigkeit führt zu einem Teufelskreis: Je ohnmächtiger sich jemand fühlt, desto weniger versucht er, etwas zu verändern, und desto mehr verstärkt sich seine Sucht. Ohnmacht fördert auch die Passivität, da Betroffene oft glauben, dass sie die Situation nicht ändern können, selbst wenn sie es wollten.

➔ **Die Sucht will, dass der Süchtige scheitert**: Sucht ist wie ein Programm, welches den Betroffenen sabotiert. Er kämpft nicht nur gegen äußere Einflüsse, sondern gegen sich selbst. Es fühlt sich an, als lebten zwei Seelen in seinem Körper – eine, die frei sein will, und eine, die ihm immer wieder Steine in den Weg legt. Der Süchtige denkt noch selbst, aber gleichzeitig kämpft er gegen die Sucht in sich.
Stell es Dir so vor: Dieses Sabotageprogramm ist wie ein unsichtbarer Virus, der Dinge auslöst und der Süchtige denkt, dass es er selbst wäre. Das ist das perfide an der Sucht. Der Süchtige muss lernen zu filtern, was Sabotageprogramm ist und was er selbst ist.

➤ **Der naive Glaube an die Wunderpille**: Der Süchtige trägt tief in sich den kindlichen Glauben, die Sucht irgendwann zu überwinden wie der Glaube an die Wunderpille. Dies ist etwas Gutes, denn damit kann man arbeiten, andererseits kommt dieser Glauben auch aus der Sucht selbst und ist ein Sabotageprogramm, damit der Süchtige seine Sucht nicht in ihrer Komplexität realisiert. Denn die Realität ist viel härter. Die anderen Aspekte der Sucht sind stärker und überwältigen ihn, auch wenn er tief im Inneren den Willen hat, es zu schaffen.

➤ **Selbstlüge**: Selbsttäuschung, also das Belügen des eigenen Selbst, ist ein häufiges Merkmal von Sucht. Der Süchtige macht sich selbst etwas vor, um die harte Realität zu verdrängen. Obwohl er theoretisch in der Lage wäre, die richtigen Entscheidungen zu treffen, bleibt er in dieser Selbsttäuschung gefangen. Diese Selbstlüge hindert ihn daran, Eigenverantwortung für sein Verhalten zu übernehmen und die notwendigen Schritte zur Veränderung zu gehen.
Mache Dir bewusst, dass diese Selbstlüge und Selbsttäuschung auch von der Sucht gesteuert werden, die den Süchtigen in der Sucht halten will. Dieser Konflikt führt dazu, dass der Süchtige vermehrt zum Suchtmittel greift, um diesen inneren Konflikt zu betäuben. Der innere Teufelskreis bleibt bestehen.

➤ **Angst und Schrecken, besonders mit dem Thema der Abstinenz**: Unsere westliche Erziehung basiert auf Angst, Schrecken und Horrorszenarien. Wir gehen vom Schlimmsten aus und stellen uns immer die absoluten Horrorszenarien vor. So ist für den Süchtigen DAS Horrorszenario Nr. 1, dass er „nie wieder sein Suchtmittel konsumieren darf". Selbst ich konnte diesen Satz nie aussprechen, geschweige denn glauben. Denn dies ist ein Damoklesschwert über dem Süchtigen, aus dem er sich gerade befreien muss. Kein Mensch kann sagen, dass er etwas nie wieder tun wird. Daher arbeite ich mit dem Begriff der Suchtfreiheit, was bedeutet, freiwillig nicht mehr zu konsumieren oder zu prüfen, ob der Körper den Konsum will (ganz kurz angemerkt).

➤ **Verantwortungsbereiche**: Der Süchtige kann nicht noch mehr Verantwortung übernehmen, auch wenn er es wirklich will. In diesem Moment kann er sich nur um sich selbst kümmern und dies tun dürfen. Nur er kann sein Scheitern stoppen, indem er wieder Eigenverantwortung lernt und den Weg raus aus der Sucht nimmt. D. h. Du musst Dich um

Dich selbst kümmern und Deine Eigenverantwortung übernehmen, indem Du für Entlastung, Freiheit und Klarheit in Deinem Leben sorgst.

→ **Es ist nichts wert, wenn es nichts kostet:** Ich stehe immer da und wundere mich, dass es so ist. Denn hier ich bin anders. Du vielleicht auch, aber viele andere nicht. Das Grundprinzip ist jedoch, dass der Süchtige in sich selbst investieren muss. Wenn er nichts in seine eigene Entwicklung einbringt, gibt es keine Veränderung. Wenn es von außen kommt, bleibt es von außen und er lässt andere für sich investieren, ohne selbst etwas zu tun. Und das ist das Prinzip, welches nicht funktioniert, gerade bei Therapie oder ähnlichen Formaten. Dieses Phänomen erlebe ich in meiner Praxis sehr häufig.

→ **"Alete-Mentalität":** Der Süchtige will alles vorgekaut bekommen, will die Verantwortung abgeben, will nicht fühlen, alles nur wegmachen. Genau das ist einer der Gründe, warum er z. B. trinkt. Doch mit Vorkauen erreicht niemand das Ziel, am Ende ist nur die Sucht erfolgreich. Er muss lernen, sich wieder um sich selbst zu kümmern. Er ist nicht über Nacht süchtig geworden, und genauso wenig wird er über Nacht gesund.

→ **Du als Co-Abhängiger kannst „sein inneres Loch nicht stopfen":** Du kannst Dein Herz für seine Genesung herausreißen, Dich selbst leer machen, um den anderen zu füllen, doch das wird nie funktionieren. Seine innere Leere kann nur er mit sich füllen – da gibt es keinen Aus- oder Umweg. Genauso wenig kannst Du seinen Schmerz oder sein Leid übernehmen, auch wenn Du denkst, dass ihm damit geholfen wäre. Im Gegenteil.

→ **Dein „eigenes inneres Loch" stopfen:** Du musst Dir Dein Herz rausreißen, Du musst durch den Schmerz des Los- bzw. Freilassens gehen, um für beide Parteien den Weg der Suchtfreiheit zu öffnen.
Stell es Dir so vor: Jeden Tag hast Du viele Gedanken an den Süchtigen, er ist in Deinem Körper und wenn Du ihn loslassen musst, verlierst Du einen inneren Teil von Dir – und das tut weh. Aber dieser Teil ist ungesund, schädlich und hält Euch weiterhin gefangen.

 **Gehe durch den Schmerz, um aus dem Leiden auszusteigen. Und nun lerne diesen leeren Anteil in Dir wieder neu zu füllen mit Themen wie Selbstliebe, tanzen, lachen, all den Dingen, die Dir Freude bereiten.**

4.2 Das Sonderthema Loslassen
Deine Aufgabe in seiner Sucht, Deine Aufgabe in Deiner Co-Abhängigkeit
| Wichtig: Loslassen bedeutet freilassen.

Ich bleibe in diesem Kapitel bewusst im Wording Loslassen, um Dir die Erlaubnis zu geben, dies tun zu können und zu dürfen. Dieses Wort wird im Außen viel verwendet und begegnet Dir oft.

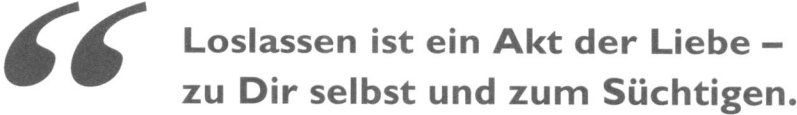

Loslassen ist ein Akt der Liebe – zu Dir selbst und zum Süchtigen.

Loslassen ist eine der schwersten Aufgaben, die wir in einer Beziehung mit einem Süchtigen haben. Was ich beobachte, ist, dass Loslassen auf Knopfdruck, wie es in vielen Ratgebern beschrieben wird, nicht geht. Auch bei meinen Klienten erlebe ich täglich, dass sie nicht loslassen können, da es nicht nur eine Entscheidung ist, die wir einmal treffen und dann umsetzen – sondern es ist ein Prozess: Es ist eine **Übergabe mit einen langsamen, bewussten Schritt-für-Schritt-Programm.**

Es gibt Momente, in denen wir merken, dass aktives Loslassen uns überfordert, dass wir den Gedanken daran kaum aushalten können. Warum? Weil Loslassen sich wie ein endgültiger Bruch anfühlt, als ob wir den anderen im Stich lassen. Doch in Wahrheit geht es darum, einen inneren Gleichmut zu entwickeln. **Loslassen bedeutet nicht immer, abrupt alles aufzugeben, sondern vielmehr eine schrittweise Übergabe der Verantwortung** – an den Süchtigen.

Loslassen kann nicht erzwungen werden. Es ist vielmehr eine **Reise des Akzeptierens und Verstehens.** In dieser Reise lernen wir, dass wir nicht immer die Kontrolle haben und auch nicht brauchen. Es geht darum, uns selbst die Erlaubnis zu geben, nicht mehr alles im Griff haben zu müssen. Und oft heißt das, dass wir uns nicht zu 100% von heute auf morgen trennen können, sondern dass wir langsam lernen, loszulassen, indem wir die Verantwortung stückweise abgeben.

Gleichmut bedeutet, dass wir nicht in die Extreme verfallen – weder in das ständige Kämpfen noch in die totale Aufgabe. Es ist eine **Haltung des inneren Friedens**, die uns erlaubt, die Dinge so zu akzeptieren, wie sie sind, ohne ständig das Bedürfnis zu verspüren, sie ändern zu müssen. Diese Haltung entsteht nicht von heute auf morgen, sondern wächst, wenn wir lernen, uns und dem Süchtigen Raum zu geben.

Loslassen durch Übergabe bedeutet:

1. **Verantwortung stückweise abgeben**: Anstatt sofort alle Verbindungen zu kappen, kannst du beginnen, kleine Schritte zu gehen. Lass Deinen Partner seine eigenen Entscheidungen treffen, ohne ständig einzugreifen.

2. **Vertrauen entwickeln**: Vertraue in den Prozess des Loslassens, besonders in Dich selbst. Du kannst lernen, dass es möglich ist, Dich zu distanzieren, ohne Schuldgefühle zu haben, weil Du weißt, dass dies der gesündeste Weg für Euch beide ist.

3. **Urvertrauen lernen**: Entwickle ein tiefes Vertrauen in das Leben selbst und die Gewissheit, dass alles seinen Weg finden wird. Urvertrauen bedeutet zu wissen, dass Du unabhängig von äußeren Umständen sicher und getragen bist. Es gibt Dir die innere Stärke, loszulassen und zu wissen, dass Veränderungen Teil des natürlichen Flusses des Lebens sind. Durch das Zurückholen Deines Urvertrauens begegnest Du dem Leben mit Gelassenheit und Zuversicht.

4. **Gesunder Umgang mit Rückschlägen**: Wenn Du merkst, dass Du wieder versuchst, die Kontrolle oder die Verantwortung zu übernehmen, ist das kein Scheitern. Auch wenn Du Dir unheimlich viele Sorgen und Gedanken machst. Sei liebevoll zu Dir selbst, erkenne diesen Impuls und gehe langsam wieder in die Übergabe. Du wirst lernen, dass es nicht um Perfektion geht.

5. **Langsame Distanzierung**: Das Loslassen ist kein harter Schnitt, sondern ein Prozess der langsamen Entkoppelung. Du wirst Dich nach und

nach weniger involvieren und feststellen, dass Du wieder mehr Raum für Dich selbst gewinnst.

6. **Inneren Frieden finden**: Gleichmut bedeutet, dass Du Deine Emotionen akzeptierst, ohne Dich von ihnen überwältigen zu lassen. Du wirst nicht sofort frei von Angst oder Sorgen sein, aber mit der Zeit wirst Du lernen, mit diesen Gefühlen gesund umzugehen.

7. **Freiraum für den Süchtigen schaffen**: Durch die schrittweise Übergabe ermöglichst Du Deinem Partner, eigene Verantwortung zu übernehmen. Du entziehst ihm nicht seine Kraft, sondern gibst ihm die Chance, sie zu finden.

8. **Loslassen als Akt der Liebe**: Indem Du lernst, langsam und in kleinen Schritten loszulassen, gibst Du Dir selbst und dem Süchtigen Raum für Wachstum. Du gibst ihn nicht auf, sondern erlaubst Euch beiden, auf gesunde Weise weiterzugehen, zu heilen und ganzheitlich glücklich zu werden.

Loslassen ist kein starrer Endpunkt, sondern ein fließender Prozess, der Dich und Deinen Partner auf dem Weg der Heilung unterstützt. Durch diesen Prozess der **langsamen Übergabe** wirst Du erkennen, dass Du nicht alles loslassen musst, um frei zu sein – sondern dass die Freiheit entsteht, wenn Du lernst, die Kontrolle und das Helfen-Wollen schrittweise abzugeben und Vertrauen in den Prozess zu haben.

5. Grundfehler in der Sucht

5.1 Grundfehler Nr. 1: Warum Loslassen nicht gelingt

Loslassen bedeutet, etwas aktiv wegmachen zu wollen, sei es die Sucht Deines Elternteils, die Eifersucht Deines Partners, eine Person oder eine andere belastende Situation. Du merkst, dass es schwer ist, etwas loszulassen, auch wenn Du weißt, dass es notwendig ist. Der Grund, warum Loslassen nicht funktioniert, liegt darin, dass Du es falsch angehst.

Wir wollen meistens Dinge oder Situationen weghaben oder wegmachen, doch Du kannst Energie oder Gefühle nicht wegmachen, genauso wenig wie Deine Gedanken. Der Prozess des Loslassens sieht so aus:

1. **Analyse:** Erkenne und analysiere den Stand der Dinge. Was ist die aktuelle Situation? Welche Gefühle und Gedanken hast Du dabei?

2. **Annehmen:** Nimm die Situation an und versuche nicht, sie wegmachen zu wollen. Sieh die Situation als Lernfeld, als Geschenk und als Möglichkeit zur Erweiterung Deines Potentials an. Betrachte die Erde als Übungsplanet, auf dem Deine Kräfte geschliffen werden. Annehmen ist die Grundlage für Akzeptanz.

3. **Akzeptanz:** Akzeptiere, dass es ist, wie es ist. Es gibt Dinge, die Du nicht ändern kannst, was vollkommen in Ordnung ist.

4. **Entscheiden:** Überlege Dir, ob Du die Situation lieben, verlassen oder ändern möchtest. Du kannst nur Dich selbst ändern – Deine Einstellung, Dein Handeln, Dein Vorgehen. Du kannst nicht noch mehr lieben oder noch mehr geben, um den anderen oder etwas zu ändern.

5. **Umsetzen:** Setze Deine Entscheidung um, indem Du freilässt – sei es Deinen Elternteil oder die Situation. Das bedeutet, die Kontrolle, Verantwortung und Helfen-Wollen abzugeben und allen die Freiheit zu geben.

Fazit und Ergebnis: Freilassen statt Loslassen

Loslassen ist das Endergebnis eines Prozesses der Befreiung. Die Lösung liegt im Freigeben, denn echtes Loslassen fällt uns Menschen schwer.

Mein Beispiel dazu: Stell Dir vor, Du bestehst aus zehn Anteilen, und einer davon ist der menschliche Anteil. Somit können die anderen neun Anteile diesen menschlichen Anteil im Freilassen unterstützen. Siehe dazu das Eisbergmodell, wo Du deutlich siehst, dass der Eisberg = Dein Verstand, nur zu 10% an der Oberfläche sichtbar ist, unterhalb der Eisfläche besteht der Eisberg aus 90% = Dein Unterbewusstsein. Für mich gibt es noch weitere Anteile, die aus dem Überbewusstsein kommen, was hier den Rahmen sprengen würde.

Als Mensch kannst Du nicht einfach loslassen, ohne vorher etwas anderes zu tun.

Es geht darum, in den Gleichmut zu gelangen – ohne Anhaftungen, ohne Erwartungen, mit absoluter Klarheit und Vertrauen. Vertraue darauf, dass alles gut ist, so wie es ist. Wir Menschen wollen oft alles optimal gestalten und nicht veränderbare Dinge verändern, aber das ist nicht immer möglich.

Wenn ein Unwetter aufzieht und Du Dich auf dem Meer befindest, kannst du entweder jammern oder die Segel neu setzen. So funktioniert Freigeben und Loslassen.

Beispiele fürs Freilassen

1. **Stell Dir vor:** Jesus oder der Dalai Lama erklären Dir aus tiefster Empathie, was Du falsch gemacht hast oder wie unsympathisch Du wirkst, und Du erkennst, dass sie recht haben, ohne dass es Dich triggert, ohne dass Du Dich schlecht fühlst und ohne Anhaftungen.
2. **Stell es Dir so vor:** Deine Steuererklärung ist gemacht, und sie bleibt da, ohne Dich weiter zu triggern. Du weißt, dass Du sie in einem Jahr wieder machen musst.
→ **So verhält es auch bei Deiner Co-Abhängigkeit:** Du liebst sie, ohne dass sie negative Emotionen in Dir hervorrufen, selbst wenn sie noch süchtig sind.

Freilassen ist ein langsamer, eventuell schmerzhafter Prozess, doch ist es ein Akt der tiefsten Liebe. Du sagst damit: "Ich liebe Dich genug, um Dir Deinen eigenen Weg zu überlassen, auch wenn es mir schwerfällt." Der Schlüssel liegt im Gleichmut, im Vertrauen auf den freien Willen und den Seelenplan jedes Einzelnen. Übergabe bedeutet, zu erkennen, dass Du nicht verantwortlich für das Leben des Süchtigen bist, sondern nur für Dein eigenes. Und darin liegt Deine wahre Freiheit.

Die Lösungen sind: Aus Liebe freilassen, aus Liebe vertrauen

1. **Du bist nicht sein Therapeut.** Du stehst der Situation zu nah, um den nötigen Abstand zu haben. Diese Rolle kannst Du nicht übernehmen. Also wahre Distanz und hole Dir Hilfe.

2. **Liebe bedeutet freier Wille.** Es ist hart, dies als Mensch zu verstehen und den freien Willen des anderen zu respektieren, aber genau das ist Liebe – für Dich und den Süchtigen.

3. **Frei werden und dennoch lieben** – der Spagat, den wir Menschen lernen müssen. Loslassen fällt uns schwer, da wir gegen viele vermeintliche Grundlagen unseres Denkens handeln lernen müssen. Freilassen ist eine aktive Handlung, zutiefst menschlich und gleichzeitig etwas Wundervolles. Es bedeutet, bewusst loszulassen, auch wenn es Urvertrauen erfordert. In diesem Prozess liegt eine tiefe Kraft, die uns ermöglicht, uns von Belastungen zu befreien und Raum für Neues zu schaffen. Freilassen heißt, Vertrauen in das Leben zu haben und darauf zu vertrauen, dass alles seinen natürlichen Lauf nimmt.

4. **Unsere wahre Suche:** Was wir tief in uns suchen, sind Freiheit und Gleichmut – die Fähigkeit, mit Liebe und Gelassenheit zugleich zu leben. Gleichmut erlaubt uns, in Beziehungen präsent zu sein, ohne uns zu verlieren, und in Harmonie mit uns selbst und anderen zu leben, unabhängig von äußeren Umständen. Dies ist der Schlüssel zu wahrer innerer Freiheit und Frieden.

5. **Freilassen bedeutet für mich genau das:** Liebe zu empfinden, aber ohne jegliche Kontrolle. Es geschieht fast von selbst, ähnlich wie der Weg in die Freiheit von Sucht. Wenn Du an diesem Punkt angekommen bist, wirst Du klarere und bessere Entscheidungen für Dich selbst und den Süchtigen treffen können. Liebe und Distanz zeitgleich ohne Anhaftungen oder negative Emotionen. Absolut ohne Wertungen: Das bedeutet frei- bzw. loslassen.

6. **Die logische Konsequenz:** Suchtfreiheit für Dich. Wenn Du hier bist, wirst Du bessere Entscheidungen für Dich und den Süchtigen treffen. Das ist Fakt.

> *Los- bzw. Freilassen aus Liebe ist ein Akt des tiefen Urvertrauens.*

> *WICHTIG: Du kannst Dir all das nicht vorstellen? Du wirst schon einige Co-Abhängige gesehen haben, die dies geschafft haben, die genauso verzweifelt waren und keinen Ausweg sahen. Schau sie Dir heute an, wie sie wieder strahlen und wie sich der Weg gelohnt hat. Was sie können – kannst Du auch! Go for it!*

5.2 Grundfehler Nr. 2: Nicht gegen die Sucht kämpfen

Der Kampf des Süchtigen gegen seine Sucht

Der Süchtige kämpft auf allen Ebenen – er rennt vor seinen eigenen inneren Dämonen und Schatten, den Lasten seiner Ahnen und den Erinnerungen vergangener Inkarnationen davon. Er ringt mit dem kollektiven Bewusstsein und den Fremdenergien, die ihn beeinflussen. Dieser unsichtbare Kampf umgibt ihn und durchdringt sein ganzes Wesen. Auch das Quantenfeld der Sucht, tiefe Verstrickungen und unbewusste Energien haben ihn fest im Griff.

Seine Aufgabe ist es, den Kampf nicht fortzusetzen. Der Ausweg ist nicht Leugnen oder Widerstand, sondern Annehmen und Loslassen. Wahre Demut und sich der Realität stellen sind die Gamechanger. Das ist aber nicht Deine Aufgabe, ihn dazu zu bringen. Diese Zeilen sollen Dir helfen, den Süchtigen zu verstehen, warum es ihm so schwerfällt, aus seiner Sucht zu kommen. Und damit Du klar umreißen kannst, in welches Moloch er Dich automatisch mitzieht, wenn Du dies nicht klar unterbindest.

Dein Kampf gegen seine Sucht

Du stellst Dich seiner Sucht entgegen – Du kämpfst gegen ihre Auswirkungen auf Euer Leben und das Chaos, das sie mit sich bringt. Du versuchst, alles zu verstehen, ihn zu unterstützen und ihn zu retten. Doch während Du kämpfst, verlierst Du Dich selbst. Der Drang, die Kontrolle zu übernehmen, treibt Dich an, aber dieser Kampf führt ins Leere.

Seine Sucht ist nicht Dein Gegner, den Du bezwingen kannst und musst. Sie ist Teil seines eigenen inneren Krieges. Dein unermüdliches Ringen zermürbt Dich, ohne etwas zu verändern. Statt zu kämpfen, liegt die wahre Herausforderung darin, freizulassen. Nur so schützt Du Dich und gibst ihm gleichzeitig die Möglichkeit, seinen eigenen Weg zu gehen.

Dein Kampf gegen Dich selbst – Deine Co-Abhängigkeit

Wenn Du für den anderen kämpfst, wenn Du versuchst, ihn zu retten, dann ist es wie der Kampf von Don Quichote gegen die Windmühlen: vergebens. Denn es ist der falsche Gegner. Dein Gegner bist Du selbst. Es sind Deine eigene Abhängigkeit, Deine inneren leeren Anteile, die es aufzulösen gilt und die viele tiefsitzenden Ursachen hat und mit Kampf kommst Du nicht weiter. Wahrnehmen, annehmen und daran arbeiten: das ist der Weg in Deine Unabhängigkeit.

5.3 Grundfehler Nr. 3: Der tiefe Wunsch, anders zu sein

In der Co-Abhängigkeit strebst Du danach, nicht wie die Menschen aus Deiner Vergangenheit zu sein, die Dich enttäuscht oder allein gelassen haben. Dein Wunsch, weder toxisch noch verletzend zu wirken, führt dazu, dass Du alles daran setzt, es besser machen zu wollen und den Süchtigen zu retten. Dieser Drang, anders Handeln zu wollen, überanstrengt Dich, Du vernachlässigst Deine eigenen Bedürfnisse und Dich selbst.

Du bist überzeugt, dass Du mit mehr geben und kämpfen verhindern kannst, dass sich die schmerzlichen Erfahrungen Deiner Vergangenheit wiederholen. Doch genau dieser Drang, alles anders zu machen, hält Dich in Deiner Co-Abhängigkeit gefangen. Du verlierst Dich im anderen, während Du versuchst, Deine innere Leere zu kompensieren und besser zu sein als die Menschen von früher. Dieser ständige Kampf um den anderen lenkt Dich von Deinen eigenen Wunden und Bedürfnissen ab.

Der wahre Ausweg aus dieser Abwärtsspirale liegt nicht im Kampf gegen diese alten Muster, sondern im Erkennen und Loslassen. Nur wenn Du akzeptierst, dass Du die Vergangenheit nicht wiederholen musst und dass Du nicht die Kontrolle über alles hast, kannst Du Dich aus der Co-Abhängigkeit befreien und Deinen eigenen Weg finden. Indem Du Dich auf Deine eigenen Bedürfnisse und Heilungsprozesse konzentrierst, schaffst Du Raum für wahres Wachstum und inneren Frieden.

5.4 Grundfehler Nr. 4: Der Irrglaube an die Wunderpille

Du hörst überall von der einen „Wunderpille" oder der einen „Wundermethode" – also dem schnellen Fix, der all Deine Probleme auf einmal lösen soll. Besonders in der Ernährung oder in der Medizin wird das gerne beworben.

Solche schnellen Lösungen mögen in einigen Fällen helfen, aber für die meisten Menschen, einschließlich mir, funktionieren sie nicht. Probleme sind multikausal und vielschichtig. Der Weg zur Heilung ist ein bereichernder, langfristiger Prozess.
Statt auf eine schnelle Lösung zu setzen, konzentriere Dich auf einen ganzheitlichen Ansatz. Die wirkliche Meisterschaft kommt durch kontinuierliche Arbeit und umfassende Strategien.

Natürlich gibt es Spontanheilungen, so letztendlich auch bei mir und ganz wenigen Klienten, sie sind leider nicht der Regelfall. So darf der Süchtige sich langsam und nachhaltig aus seiner Sucht befreien sowie Du aus Deiner Co-Abhängigkeit. Meine Erfahrung mit den vielen lieben Klienten ist, dass langsam und stetig ein nachhaltiger Faktor auf dem Weg zum Erfolg sind.

5.5 Grundfehler Nr. 5: Vermeidung der eigenen Probleme durch Co-Abhängigkeit

In der Co-Abhängigkeit vermeidest Du die Lösung Deiner eigenen Probleme, indem Du Dich auf das Tragen, Lösen von Problemen und Schmerzen des anderen konzentrierst. Du lenkst Deine ganze Energie darauf, seine Schwierigkeiten zu lösen, statt Dich mit Deinen eigenen Wunden und Deiner Co-Abhängigkeit auseinanderzusetzen.

Unsere Gesellschaft und Deine Kindheit fördern diese Tendenz, indem sie uns dazu drängt, uns um andere zu kümmern und ihre Probleme zu priorisieren. Statt Deine eigenen Bedürfnisse und Emotionen in den Mittelpunkt zu stellen, lenkst Du gekonnt von diesen ab, weil sich alles um den anderen dreht. So löst Du weder seine noch Deine Probleme und Ihr bleibt Beide in der negativen Spirale der Sucht.

5.6 Grundfehler Nr. 6: Wir wollen, dass der andere nicht leidet

Dies ist eine tiefenpsychologische Dynamik, die viele Menschen unbewusst tief verankert in sich tragen. Sie versuchen, den Schmerz von Anderen zu lindern oder ihnen ganz abzunehmen – nicht nur aus Empathie, sondern auch, um den eigenen Schmerz dadurch zu vermeiden. Dies führt jedoch zu einer problematischen Dynamik, die als **"Doppelspirale des Schmerzes"** beschrieben wird.

→ **Schmerzvermeidung durch Leidübernahme:** Menschen, die das Leiden anderer verhindern wollen, nehmen deren Schmerz auf sich. Diese selbstaufopfernde Haltung erinnert an das christliche Bild von Jesus, der das Leid der Menschheit trug.

→ **Märtyrertum und christliche Prägung:** In der europäischen, christlich geprägten Kultur gilt Leiden, besonders durch das Bild von Jesus am Kreuz, als ehrenhaft oder erlösend. Diese Vorstellung prägt bis heute den Umgang mit Schmerz.

→ **Die Doppelspirale des Schmerzes:** Wenn wir den Schmerz des anderen auf uns nehmen, tun wir das oft unbewusst, um unseren eigenen Schmerz nicht spüren zu müssen. Dadurch bleibt man in einer **Schmerzspirale** gefangen: Anstatt den eigenen Schmerz anzuerkennen und zu bearbeiten, überträgt man ihn durch das Aufopfern für den anderen auf sich selbst. So bleibt man in einer **wechselseitigen Dynamik des Leids** verstrickt, die für keinen der Beteiligten wirklich heilsam ist.

→ **Selbstaufopferung**: Diese unbewusste Selbstaufopferung und Dein Rettenwollen lässt Dich Dein eigenes wunderbares Potential inkl. Deiner Grenzen und Bedürfnisse ignorieren.

→ **Leid als unvermeidlicher Teil des Lebens:** Anstatt zu versuchen, dass der Süchtige keinen Schmerz mehr spürt, weil Du diesen versuchst zu übernehmen, solltest Du lernen, dass Schmerz unvermeidlich ist und zum Leben dazu gehört. Gehe durch den Schmerz, löse ihn auf und befreie Dich vom Leiden.

 **Wenn wir Schmerz vermeiden, bleiben wir im Leiden –**
so auch der Süchtige.

5.7 Grundfehler Nr. 7: Der kindliche Glaube

Hier bekommst Du einen kleinen, aber tiefen Einblick in den Zusammenhang zwischen Suchtverhalten und dem sogenannten "kindlichen Ansatz" oder kindlichen Glauben. Dieser unbewusste Ansatz basiert auf frühen Prägungen und emotionalen Mustern, die Du in Deiner Kindheit entwickelt hast. Bestimmte Verhaltensweisen zeigen sich sowohl bei Dir als Betroffenen als auch beim Süchtigen. Dies ist ein tief unbewusst verankertes Muster, was es uns schwer macht, aus den Süchten oder Co-Abhängigkeiten zu kommen.

→ **Der kindliche Ansatz bei Kindern:**
Kinder haben einen natürlichen Impuls, ihre Eltern zu retten oder zu heilen, insbesondere wenn sie erleben, dass ihre Eltern leiden oder krank sind. Sie entwickeln die Vorstellung, dass sie die Verantwortung tragen könnten, ihre Eltern zu "reparieren". Dies zeigt sich, wenn sie mit ihrem Arztkoffer kommen und Dich gesund machen wollen.

Rettungsfantasien:
Diese **kindlichen Rettungsfantasien** setzen sich unbewusst im Erwachsenenalter fort, besonders in Beziehungen mit abhängigen oder emotional belasteten Menschen. Wer als Kind gelernt hat, dass es die Aufgabe ist, andere zu retten, tendiert dazu, später Partner oder Freunde vor ihrem Leid bewahren zu wollen – etwa indem man versucht, einen Süchtigen zu "retten".

→ **Der kindliche Glaube beim Süchtigen:**
Besonders Süchtige tragen diesen **kindlichen Glauben** in sich. Dieser Glaube besteht darin, dass sie plötzlich – wie durch ein Wunder – über Nacht "geheilt" werden könnten. Sie hoffen darauf, dass sie am nächsten

Morgen aufwachen und plötzlich neue Werkzeuge zur Verfügung haben, um die Sucht zu bewältigen. Dies ist der naive Glaube, dass alles wieder gut wird, ohne dass eine tiefgehende Arbeit nötig ist. Diese Art von **"alles-wird-gut-Mentalität"** spiegelt die kindliche naive Hoffnung wieder, dass es eine einfache Lösung gibt.

➜ **Die Herausforderung des kindlichen Umgangs mit Sucht:**
Sowohl der Süchtige als auch Du müssen sich von diesem Anteil des kindlichen Umgangs lösen. Der kindliche Glaube, dass alles gut werden könnte, ist zwar verständlich und menschlich, aber er blockiert nachhaltig die Heilung.

5.8 Grundfehler Nr. 8: Die Angst das Gesicht zu verlieren

Der Begriff "Gesichtsverlust" zeigt sich besonders deutlich bei Sucht und Co-Abhängigkeit. Menschen fürchten, durch ihre Abhängigkeit oder die eines nahestehenden Menschen ihr Ansehen zu verlieren. Diese Angst hängt eng mit gesellschaftlichen Erwartungen und dem eigenen Selbstbild zusammen. Du und auch der Süchtige schämen sich möglicherweise, Hilfe zu suchen oder die Situation zuzugeben, weil Ihr denkt, stark und unabhängig sein zu müssen.

Ein paar Gedankengänge, die bei beiden Parteien zu finden sind:

➜ **Der Druck, alles allein zu schaffen:** In einer leistungsorientierten Gesellschaft spüren wir den Anspruch, Probleme selbst lösen zu müssen. Sätze wie:
- o „Ich brauche keine Hilfe."
- o „Ich kann das alleine schaffen."
- o „Wer Hilfe sucht, ist schwach."

reflektieren das tiefe Bedürfnis, stark und unabhängig zu erscheinen. Wir empfinden das Eingeständnis, es nicht allein zu schaffen, als persönliches Versagen.

➜ **Perfektionismus und Angst vor Schwäche:** Wir versuchen, perfekt zu sein, die Kontrolle zu behalten, die Beziehung oder Familie zu „retten". Unsere Angst, Schwäche zu zeigen, hindert uns daran, Unterstützung anzunehmen, selbst wenn wir innerlich kämpfen.

- → **Gesellschaftliche Erwartungen:** Die Gesellschaft vermittelt uns, dass Abhängigkeit ein persönliches Scheitern darstellt. Wir fühlen uns gezwungen, den Anschein von Kontrolle und Stärke zu wahren, während wir innerlich unter den Kreisläufen der Sucht oder Co-Abhängigkeit leiden.

- → **Der Mythos der Unabhängigkeit:** Wir haben gelernt, dass wir immer unabhängig sein müssen und keine Hilfe annehmen dürfen. Dieser Gedanke führt dazu, dass wir unsere Probleme verstecken und alleine kämpfen, was unsere Situation nur verschlimmert.

- → **Hilfe holen als Schwäche?** Der Gedanke, dass nur Versager Hilfe suchen, hindert uns daran, professionelle Unterstützung in Anspruch zu nehmen. Doch das Gegenteil ist der Fall: Hilfe zu suchen, zeigt Stärke und Selbstreflexion. Wir erkennen unsere Maßstäbe und Grenzen an und übernehmen Verantwortung für unser Wohlbefinden.
  Jeder erfolgreiche Mensch hat sich in seinem Leben Hilfe geholt.

5.9 Grundfehler Nr. 9: Alles alleine regeln wollen, z. B. zu Hause

Ein schwieriges Thema, denn es ist von außen schwer, den richtigen Rat zu geben. Insbesondere bei hohem Konsum und der Uneinsichtigkeit des Süchtigen neige ich dazu, eine Einweisung gegen seinen Willen zu empfehlen. Schließlich müssen alle Beteiligten geschützt werden.

Es ist sinnvoll, im Vorfeld zu klären, in welche Klinik der Betroffene gehen möchte und ob es dort eine geeignete Einrichtung gibt. Wenn das nicht möglich ist, lass ihn trotzdem einweisen. Dort hat er zumindest die Möglichkeit, sicher auszunüchtern, und danach könnt Ihr gemeinsam neu entscheiden, wie es weitergeht.

Ich verstehe, dass Du als Angehörige den Drang verspürst, zum vermeintlichen Wohle des Süchtigen handeln zu wollen und seinem Wunsch nachgibst, dass er zu Hause bleiben möchte. Doch Du weißt ebenso, wie schwer und erfolglos dies ist. Du willst die Entscheidung des Süchtigen wahren, doch in Wahrheit schützt Du ihn vor der Möglichkeit der Entgiftung und schützt seine Sucht.

Versuche nicht, alles allein zu Hause zu lösen. Sucht erfordert professionelle Hilfe, und der Versuch, es allein zu bewältigen, belastet Dich nur unnötig. Zögere nicht, wenn eine Einweisung nötig ist. Diskussionen mit einem

Süchtigen führen selten zum Ziel, weil er in dem Moment nicht er selbst ist. Oft schieben wir diesen Schritt hinaus, aus Angst vor Konflikten oder dem Wunsch, dem Süchtigen nicht das Gefühl zu geben, die Kontrolle über sein Leben zu verlieren.

5.10 Grundfehler Nr. 10: Immer im Flow sein und Harmonie suchen

Der Drang, ständig im Flow zu sein und Harmonie herzustellen zu müssen, stammt aus einer kindlichen Urwunde und von falsch verstandener Spiritualität. Wir fühlen uns verpflichtet, Konflikte zu vermeiden und alle um uns herum glücklich zu machen. Diese Haltung führt dazu, dass wir unsere eigenen Bedürfnisse und Gefühle ignorieren und das wahre Leben vermeiden, wir bleiben in einer Scheinwelt. Und somit gefangen in Sucht und Co-Abhängigkeit.

Erkenne, dass das Leben alles beinhaltet, dass wir dies meistern lernen müssen und dass wir erst dann unser volles Potential schöpfen. Es ist wie auf dem Meer: mal absolut ruhig und auf einmal komplett stürmisch. Wir müssen uns wie ein Schilfrohr im Wind wiegen: mal hart und statisch, und dann weich und wiegend. **Das bedeutet stark fürs Leben zu sein.**

5.11 Grundfehler Nr. 11: Schuld, Scham und Ohnmacht.

Schuld, Scham und Ohnmacht gehören zu den schlimmsten Gefühlen, die wir Menschen erleben können. Besonders bei Sucht sind diese verheerend. Diese negativen Emotionen halten den Süchtigen in seiner Sucht gefangen und führen dazu, dass er weiter in seiner Sucht bleibt. Das Schamgefühl, das mit der Sucht einhergeht, verstärkt das Gefühl des Versagens und treibt ihn in die Isolation, anstatt ihn zur Hilfe zu bewegen. Er fühlt sich seiner Sucht ohnmächtig ausgeliefert, was den Kreislauf der Sucht verstärkt.

Auch Du als Co-Abhängige musst Dich mit Schuld und Scham auseinandersetzen. Du fühlst Dich verantwortlich für das Verhalten des Süchtigen und kämpfst mit Deiner Ohnmacht, die aus der Unfähigkeit resultiert, nicht helfen zu können und machtlos den geliebten Menschen ins Verderben laufen zu sehen. Diese Emotionen lähmen und hindern Dich, notwendige Unterstützung zu suchen.

Erkenne an, dass Schuld und Scham gemachte Gefühle von der Kirche sind und sie Dich klein halten sollen. Wenn Du aus Deiner Co-Abhängigkeit rausgehst, wandelst Du Deine Ohnmacht in Macht um. Mit jedem Schritt gewinnst Du an Kraft und wirst handlungsfähiger.

5.12 Grundfehler Nr. 12: Co-Abhängigkeit gibt dem Süchtigen Ausreden

Deine Co-Abhängigkeit ermöglicht es dem Süchtigen, Ausreden zu finden, um nicht aktiv zu werden. Du hörst Sätze wie: „Ich habe kein Geld", „Mama zahlt nicht. Dann mache ich keine Therapie." oder „Die Reha hat mir damals nicht geholfen, deswegen mache ich keine neue". Diese Ausreden werden genutzt, um Verantwortung zu vermeiden und die Notwendigkeit, Hilfe zu suchen oder die Sucht zu verlassen, abzulehnen.

Als Co-Abhängige stellst Du fest, dass Du unbewusst dazu beiträgst, diese Ausreden zu unterstützen, indem Du auf seine Ausreden hereinfällst. Dies hält die Sucht aufrecht und verhindert, dass der Süchtige die Verantwortung für sein Leben übernimmt.

5.13 Grundfehler Nr. 13: Niemand ist schuld am Trinken des Süchtigen

Fakt ist: Kein Therapeut, kein Partner und kein anderer Mensch sind verantwortlich für das weitere Trinken des Süchtigen. Süchtige neigen dazu, die Verantwortung für ihr Verhalten abzugeben und schieben die Schuld auf andere. Oft reagieren sie wie kleine verwöhnte Kinder, die nicht bereit sind, die Konsequenzen ihres Handelns zu akzeptieren.

Diese Dynamik führt dazu, dass sich Angehörige und Co-Abhängige schuldig fühlen, obwohl sie nichts falsch gemacht haben. **Es ist wichtig zu erkennen, dass jeder Süchtige selbst für seine Entscheidungen verantwortlich ist**. Indem Du diese Wahrheit akzeptierst, kannst Du beginnen, für Dich einzustehen und die Verantwortung wieder in die Hände des Süchtigen zu legen. Nur so geschieht echte Veränderung.

Als Beispiel: Ich wusste immer, dass ich für jeden Schluck verantwortlich war, den ich getrunken habe. Dies ist eine elementare Erkenntnis für alle Süchtigen.

5.14 Grundfehler Nr. 14: Du bist nicht sein Therapeut

Du bist nicht sein Therapeut, auch wenn Du Dir wünschst, helfen zu können. Co-Abhängige neigen dazu, die Rolle des Therapeuten zu übernehmen und versuchen, die Probleme des Süchtigen zu lösen. Das ist nicht nur überfordernd und falsch, sondern verschlechtert Euer Verhältnis. Du hast zu wenig Abstand. Und es ist nicht Deine Aufgabe, denn Du bist z. B. die Partnerin oder eine Freundin.

Indem Du versuchst, seine Probleme zu therapieren, nimmst Du ihm die Verantwortung für seine eigenen Entscheidungen ab. Du kannst ihn unterstützen und ermutigen, Hilfe zu suchen, aber letztendlich liegt die Verantwortung für seine Genesung bei ihm. **Es ist wichtig, Deine Rolle klar zu definieren und Dich nicht in die Therapie- oder Problemlösungsrolle drängen zu lassen.** So kannst Du Dich selbst schützen und gleichzeitig dem Süchtigen den Raum geben, den er braucht, um seine eigenen Themen zu bearbeiten.

5.15 Grundfehler Nr. 15: Süchtige sind wie kleine Kinder, denen man das Spielzeug wegnimmt

Süchtige verteidigen ihre Sucht gerne mit kindlichen Reaktionen und setzen Dich damit unter Druck. Es ist wie bei kleinen Kindern, denen man ihr „Spielzeug" wegnimmt. Sie reagieren mit Wut, Erpressung oder Widerstand und sind nicht bereit, die Konsequenzen ihres Handelns zu akzeptieren. Diese kindlichen Reaktionen sind Zeichen, dass sie nicht aus einem Mangel an Liebe oder Unterstützung so reagieren, sondern dass sie aus einer tiefen inneren Not handeln.

Erkenne diese Reaktionen als Spielarten aus dem Kleinkindalter an und lasse Dich nicht davon einschüchtern. **Weiterhin spricht hier die Sucht mit Dir.**

6. Dinge für Dich: Dein Raum in der Co-Abhängigkeit

1. Wohin mit Wut, Aggression, Hass, Hilflosigkeit und Ohnmacht?
Das sind Gefühle, die tief sitzen und schwer zu verarbeiten sind. Sie übermannen Dich, lassen Dich verzweifeln oder belasten Dich auch physisch. Diese Emotionen sind normale Reaktionen auf die Ohnmacht, die Du in der Co-Abhängigkeit erlebst. Wichtig ist, dass Du erkennst, dass es einen sicheren Ort für diese Gefühle geben muss – sei es in Gesprächen mit vertrauten Menschen, in Therapie oder in kreativen Ausdrucksformen wie Schreiben, Sport oder Kunst. Gefühle wie Wut und Aggression sind nicht per se negativ. Sie helfen Dir, Deine Grenzen zu erkennen und zu schützen, doch sie dürfen Dich nicht beherrschen. Du musst lernen, sie in einer Weise zu kanalisieren, die Dich stärkt, statt Dich weiter zu verletzen. *Buche Dir gerne ein Gespräch bei mir. Link siehe hinten.*

2. Selbstzweifel: „Ich liebe ihn, das muss doch reichen…"
Liebe allein reicht nicht aus, um einen Süchtigen zu „heilen". Vielleicht hast Du den Glauben, dass Deine Liebe stark genug ist, dass sie ihn aus seiner Sucht herausziehen kann. Aber die Wahrheit ist, dass Liebe – so tief und echt sie auch ist – die Sucht des Anderen nicht überwinden kann. Wenn der Süchtige nicht bereit ist, die eigene Verantwortung zu übernehmen, kannst Du noch so viel geben – es wird nicht reichen. Die schmerzliche Erkenntnis, dass Liebe nicht immer ausreicht, ist eine der härtesten Lektionen. Doch sie befreit Dich davon, weiter zu kämpfen, wo der Kampf verloren ist.

3. Falsche Vorstellungen: „Aber er hat doch alles…"
Oft sieht es von außen so aus, als wäre das Leben des Süchtigen perfekt: Ein tolles Haus, eine erfolgreiche Karriere, eine liebende Familie – all das scheint nicht zu dem Bild eines Menschen zu passen, der sich in die Sucht flüchtet. Doch Sucht kennt keine Logik. Es gibt viele Menschen, die „alles" haben und sich trotzdem leer fühlen. Sie leben oft nach falschen Vorstellungen von Erfolg und Glück. Sie haben sich vielleicht selbst verloren und die Sucht ist ihre Antwort auf das innere Scheitern. Es ist wichtig zu verstehen, dass die äußeren Umstände nicht das Innere wiederspiegeln. Der Süchtige hat u. a. eine innere Leere, die nichts mit Dir oder der Familie zu tun hat.

4. Der Wille, sich anzustrengen: Und warum es doch nicht reicht
Oft siehst Du, dass der Süchtige sich Mühe gibt – er verspricht, sich zu ändern, zeigt Reue und Anstrengung. Doch dann fällt er wieder in alte Muster zurück. Das kann unglaublich frustrierend und verletzend sein. Hier ist es wichtig zu verstehen: Der Wille allein reicht nicht, wenn die Person nicht die notwendigen Werkzeuge und die Unterstützung hat, um nachhaltig etwas zu ändern. Sucht ist ein mächtiger Gegner, der mehr braucht als nur den Wunsch nach Veränderung. Das ist keine Schwäche des Süchtigen – es ist die Natur der Krankheit.
https://www.youtube.com/watch?v=7fMZHqOXWUE

5. Süchtige lügen – und es liegt nicht an Dir
Lügen gehören zum Verhalten von Süchtigen. Auch wenn sie wirklich wollen, können sie nicht anders: Sie lügen, um ihre Sucht zu schützen, sich selbst zu schützen oder Dich zu schonen. Diese Lügen sind selten persönlich gegen Dich gerichtet – sie sind eine Funktion der Sucht. Das zu verstehen, kann helfen, die Verletzung, die durch diese Lügen entsteht, etwas abzumildern. Der Süchtige ist oft nicht in der Lage, anders zu handeln, weil die Sucht seine Entscheidungen dominiert. Dennoch darfst Du Deine eigenen Bereiche wahren und musst lernen, Dich selbst zu schützen.

6. Druck und Verständnis – beides hilft nur teilweise
Es gibt Zeiten, in denen Druck hilfreich sein kann, aber auch Zeiten, in denen Verständnis gefragt ist. Der Balanceakt zwischen diesen beiden ist einer der schwierigsten in der Co-Abhängigkeit. Zu viel Druck kann den Süchtigen weiter in die Defensive treiben, während zu viel Verständnis ihn in der Sucht festhalten kann. Es gibt keinen klaren Leitfaden, wie Du hier vorgehen solltest, da jede Situation anders ist. Du kannst Dir nur selbst vertrauen lernen, indem Du Dich immer wieder fragst, was Du brauchst und wo Deine Bedürfnisse und Schranken sind. Hole Dir gerne Rat und Hilfe, Link zu mir findest Du hinten.

7. Vertraue Dir und Deinem Bauchgefühl
In der Co-Abhängigkeit verlierst Du oft den Kontakt zu Dir selbst, weil Du Dich so stark auf den Süchtigen konzentrierst. Dein Bauchgefühl, Deine Intuition – das sind die besten Werkzeuge, um zu erkennen, wo Deine Spielräume sind. Du spürst genau, wann etwas nicht mehr stimmig

ist, wann Du zu viel gibst oder wann Du Dich selbst verlierst. Lerne, wieder auf diese innere Stimme zu hören. Sie wird Dir helfen, klare Leitlinien zu setzen und Dich selbst aus der Co-Abhängigkeit zu befreien.

8. Dein Weg zur Selbstbefreiung

Dieser Leitfaden soll Dir helfen, nicht nur den Süchtigen zu verstehen, sondern vor allem Dich selbst. Es ist wichtig, dass Du Dich selbst nicht in der Sucht des anderen verlierst. Erkenne Deine eigenen Bedürfnisse, Deine eigenen Bereiche inkl. Abgrenzungen und lerne, sie radikal liebevoll zu wahren. Co-Abhängigkeit ist eine Herausforderung, die Dich viel Kraft kostet, aber sie kann auch eine Chance sein – eine Chance, Dich selbst neu zu entdecken und zu lernen, wie stark Du wirklich bist.

9. Mitleid und der Sog der Sucht

Ich verstehe vollkommen, dass Du Dich mit der Sucht des anderen beschäftigst. Wahrscheinich kreisen Deine Gedanken 24/7 um den Süchtigen und wie Du ihm helfen kannst.

Aber was bringt es Dir oder sogar ihm? Es zieht Dir nur Energie und kann dazu führen, dass Du sogar angemotzt wirst. Willst Du das wirklich, oder will der Süchtige das?

Ziehe Dich zurück und beschäftige Dich so wenig wie möglich damit. Es mag hart erscheinen, aber es ist notwendig. Lerne, Schranken zu setzen und Deine eigene Energie zu schützen. Nur so kannst Du Dich selbst und vielleicht auch den Süchtigen langfristig unterstützen.

10. Ganz wichtig: Abstand zur Sucht finden

Wenn Du Dir ständig Gedanken über seine Sucht machst, bleibst Du im Suchtfeld und entziehst Dir selbst Deine Energie – und dem Süchtigen tatsächlich auch. Es ist allein seine Verantwortung, etwas zu tun und für sich selbst zu sorgen.

Ich weiß, es ist schwer, aber gehe in kleinen Schritten voran, wenn radikale Veränderungen nicht möglich sind. Achte immer mehr auf Dich und Deine Bedürfnisse. Das ist der Schlüssel, um Abstand zu gewinnen und Deine eigene Kraft zurückzugewinnen.

Ich weiß, dass in unserer Gesellschaft das Leiden als Basis in uns gelegt worden ist und dass wir uns nicht erlauben dürfen, nach uns selbst zu schauen. Es ist nun Deine Aufgabe, diesen Irrglauben zu durchbrechen und gesunde Wege zu gehen.

Es hilft keinem, wenn Du Dinge auf Dich nimmst, die Du nicht lösen kannst. **Und wenn Du helfen möchtest, ist dies nur mit Abstand und Klarheit zu leisten.**

11. Wahr, aber hart: Aus Fehlern lernen

Wir denken oft, dass wir nicht scheitern oder Fehler machen dürfen, besonders in der Co-Abhängigkeit. Horrorszenarien schwirren durch Deinen Kopf – z. B. der Untergang des Unternehmens, sein gescheitertes Leben, seine traumatisierten Kinder.

Diese Gedanken kommen von außen. Aber Du kannst nichts ändern, wenn der Süchtige das nicht will. Denk an Deine eigene Pubertät: Hast Du Dir damals etwas sagen lassen? Denk an Jungs als Pubertiere, denen Du nichts zu essen gibst: renne um Dein Leben. Und nun sage ich Dir: Sucht ist in der Tat 100-mal schlimmer als Jungs in der Pubertät.

Lerne, dass Fehler Teil des Prozesses sind. Nur durch das Lernen aus diesen Erfahrungen können wir wachsen und letztlich helfen – sowohl uns selbst als auch anderen.

Ich habe Dir ein schönes Beispiel: Ich arbeitete in einer Werbeagentur und wir haben ein Beilagenheftchen erstellt. Der Chef hat es aus Versehen im falschen Format angelegt, so dass es nicht zum Reinlegen war. Der Kunde war aufgebracht. Wir dachten nach und kamen auf eine wirklich gute Lösung, die dem Kunden viel mehr brachte: das Heftchen wurde in der Mitte der Zeitung mit eingetackert, somit haben wir die Sichtbarkeit erhöht und zum Verkauf angeregt.

Fehler sind Lernfelder, die nichts mit Scheitern zu tun haben, sondern Dich schleifen und stärken. Auch der Süchtige darf Fehler machen, darf in seinem Leben scheitern und dies als Sprungbrett nutzen.

12. Neue Gedanken für Dich

Es ist wichtig, Abstand zur Sucht zu gewinnen, um Klarheit für Dich zu schaffen. Frage Dich: Wie würdest Du reagieren, wenn die Sucht nicht wäre? Was würdest Du für Dich tun? Wie würdest Du leben? Was willst Du wirklich für Dich?

Überlege besonders, wie Du bei einer Freundin reagieren würdest, der es so gehen würde wie Dir. Würdest Du ihr raten, den Süchtigen zu unterstützen oder ihn klar in seine Schranken zu weisen und für sich selbst einzustehen? Würdest Du sie ermutigen, falsche Verantwortung zu übernehmen? Diese Fragen sind nur kleine Anregungen, Deine eigene Position zu finden und zu erkennen, was für Dich und somit den Süchtigen am besten ist. **Indem Du für Dich selbst sorgst, hilfst Du dem Süchtigen.**

Stell es Dir so vor: Er ist weit draußen auf einem See und ist am Ertrinken, und Du willst ihn retten, weißt aber, dass er Dich so mit runterzieht und Ihr beide ertrinkt. Du würdest nicht rausgehen und ihn retten. Du würdest nach Unterstützung suchen wie z. B. einem starken Mann, einem Holzbrett etc. Und so ist es auch mit der Sucht.

13. Neue Fragen stellen lernen

Lerne, neue Fragen zu stellen, die Dich aus dem Opfermodus herausführen und Dich in Deine Eigenverantwortung bringen. Anstatt zu fragen "Warum passiert mir das?" oder "Weshalb muss ich das durchmachen?", frage Dich lieber: "Was kann ich daraus lernen?" oder "Wie kann ich die Situation verändern?". Solche Fragen eröffnen Dir neue Perspektiven und geben Dir die Macht zurück, aktiv Dein Leben zu gestalten. Sie helfen Dir, Dich auf Lösungen zu konzentrieren, anstatt im Problemdenken und in alten Mustern von Hilflosigkeit oder Schuld zu verharren.

14. Unehrlichkeit – radikale wichtige Sicht

Ist Dir bewusst, dass Du Menschen verletzt, wenn Du nicht ehrlich nach Dir selbst schaust und sagst, was Du magst und was nicht? Beispiel: Jede Woche gehst Du mit Widerwillen zu Deiner Schwiegermutter, isst Fleisch, obwohl Du Vegetarier bist. So lügst Du nicht nur Dich selbst an, hast somit wenig Selbstwert, da Du Angst vor Ablehnung und Liebesentzug hast, sondern Du lügst auch sie an. Und das jede Woche. Was macht es mit Dir? Es macht Dich klein bzw. Du selbst machst Dich klein.

Wenn Du liebevoll zu Dir selbst stehst und dies klar kommunizierst, schaffst Du eine Atmosphäre voller Klarheit und Offenheit, die Raum für Neues schafft. Stell Dir vor, dass Deine Schwiegermutter vielleicht erleichtert ist, kein Fleisch kochen zu müssen, und es bisher nur Dir zuliebe getan hat. Oder vielleicht genießt sie es sogar mehr, nur Zeit mit ihrem

Sohn zu verbringen. Ohne klare Kommunikation würdet Ihr in diesen negativen Annahmen und Missverständnissen gefangen bleiben. Trau Dich, dieses Verhalten ab heute Schritt für Schritt zu verändern.

Authentizität schafft Vertrauen und Verständnis – sowohl für Dich selbst als auch für die Menschen um Dich herum. Es ist wichtig, ehrlich zu sein, um echte Verbindungen zu pflegen und nicht in eine Lügenkette verwickelt zu werden.

15. Deine neue Motivation

Verlasse Altes, um Platz für Neues zu schaffen. Uns halten alte Gewohnheiten und Beziehungen zurück, die uns nicht guttun. Die Motivation für Veränderungen ist die Aussicht auf ein erfüllteres und glücklicheres Leben.

Frage Dich, was Du gewinnen möchtest: Mehr Freude, Freiheit oder Selbstverwirklichung? Diese Klarheit kann Dich antreiben, den ersten Schritt zu wagen. Vertraue darauf, dass Neues Chancen auf Wachstum und positive Veränderungen bietet. Es ist der Mut, das Bekannte hinter sich zu lassen, der den Weg zu einer besseren Zukunft ebnet.

16. Aussicht auf Erfolg

Selbst wenn Du gerade zweifelst und nicht weißt, wie es weitergeht, gibt es viele Co-Abhängige, die berichten, wie befreiend ein Leben ohne Co-Abhängigkeit ist. Oft schaffen es gerade danach die süchtigen Partner, aus der Sucht auszubrechen und beide erleben eine tiefere, liebevollere Verbindung. Jedoch soll der Ausstieg Deines Partners nicht Dein angestrebtes Ziel sein.

Diese tiefe Liebe zu Dir/zu anderen und die Freiheit sind der Lohn für Deinen Mut und Deine Entschlossenheit. Der Weg ist nicht einfach, aber er führt zu echten Veränderungen. Du wirst sehen, dass positive Entwicklung beim Gehen kommen. Vertraue darauf, dass sich die Mühe lohnt und Du am Ende ein erfüllteres Leben führen wirst.

17. Wann wird ein Held zum Held

Ein Held wird zum Helden, wenn er in schwierigen Situationen Mut und Entschlossenheit zeigt. Oft geschieht das in Momenten, in denen er für andere einsteht, Risiken eingeht oder Opfer bringt, um Gutes zu tun. Es sind nicht immer große Taten – manchmal sind es kleine, alltägliche Entscheidungen, die jemanden zu einem Helden machen.

In dem Film *Gladiator* ist Maximus, der sich weigert, seinen Prinzipien und seiner Ehre abzuschwören, selbst als er gefangen genommen wird und als Gladiator kämpfen muss. Statt sich dem Tyrannen Commodus zu unterwerfen, nutzt er seine Stärke und seinen Mut, um gegen die Ungerechtigkeit zu kämpfen und für die Freiheit seiner Freunde und des Volkes einzutreten. Maximus wird zum Helden, weil er für seine Überzeugungen einsteht und selbst in der ausweglosen Situation den Mut findet, für seine Werte zu kämpfen.

Ich gehe jetzt noch ein Stück weiter. Erinnerst Du Dich an Filme, wo der Held schwerverletzt am Boden liegt, der Gegner setzt ihm das Schwert an den Hals und will ihn gerade töten? Aber auf einmal bekommt der Held eine unmenschliche Kraft, kann aufstehen und den Feind töten.
Meine Frage an Dich. Welche Kraft ist das? Das ist seine und auch Deine ursprüngliche Kraft, gerne auch Seelenkraft genannt.

Diese Kraft darfst Du nutzen lernen. Lerne, dass Du mehr Kraft hast als Du denkst, dass mehr in Dir steckt als der Mensch in Dir sagen will und verlasse den Suchtschlund der Co Abhängigkeit und werde frei.

18. Dein größter Feind bist Du selbst

In der Co-Abhängigkeit sind nicht die Sucht oder der Süchtige Deine größten Feinde, sondern Du selbst. Deine Gedanken, Ängste und Verhaltensmuster hindern Dich, Dich selbst zu schützen, gesund zu leben und Deine eigenen Themen anzuschauen.

Es ist wichtig, diese inneren Blockaden zu erkennen und anzugehen. Indem Du Verantwortung für Dein eigenes Wohlbefinden übernimmst, beginnst Du, aus der Co-Abhängigkeit auszubrechen. Du hast die Kraft, Veränderungen herbeizuführen, indem Du Deine eigenen Bedürfnisse in den Vordergrund stellst und gesunde Schranken setzt. Der Weg zur Heilung beginnt bei Dir.

19. Höre mit dem kämpfen auf

Du musst nicht gegen Dich selbst oder die Sucht kämpfen. Es ist vollkommen in Ordnung, wie Du bist. Es ist okay, dass Du nicht helfen kannst und dass Du jetzt an Dich selbst denkst.

In der Co-Abhängigkeit fühlen wir uns für die Situation verantwortlich, doch Du darfst erkennen, dass Du nicht die Last der Sucht tragen musst. Deine eigene Gesundheit und dein Wohlbefinden sind wichtig.
Erlaube Dir, für Dich selbst zu sorgen, ohne Schuldgefühle. Du verdienst es, glücklich zu sein und Dich selbst zu lieben. Es ist ein mutiger Schritt, Dich von der Verantwortung für die Sucht zu lösen und Dich auf Deinen eigenen Weg zu konzentrieren. Du bist wertvoll, so wie Du bist.

20. Aus Eins macht Zwei – Ihr müsst Euch trennen – in der Co-Abhängigkeit auseinander wachsen

In der Co-Abhängigkeit werdet ihr zu einer Einheit, denn die beiden Teile sind ineinander verhakt, was keinem von Euch guttut. Es ist wichtig, zu lernen, Euch zu trennen und den Trennungsschmerz auszuhalten. Anfangs mag das hart sein, doch es ist ein wichtiger Schritt für die Heilung.
Fülle Dich wieder mit Dir selbst auf. Das ist Deine Rolle und die Ursache liegt in Deiner kindlichen Urwunde.

Gehe durch den Schmerz, trenne Dich, besonders emotional, vom Süchtigen und werde wieder Du selbst. Beginne, Dich selbst zu fühlen und zu erkennen, wo Du stehst, unabhängig von ihm. Das ist Dein Weg zur Selbstfindung und zu gesunden erfüllten Beziehungen.

7. Vorgehensweisen für Dich als Co-Abhängiger
Wie kannst Du einen gesunden Umgang pflegen?

Wohlwissend, dass ich mich wiederhole: Der Weg, mit einem Süchtigen oder Co-Abhängigen in Deinem Leben umzugehen, ist nicht einfach, aber es gibt Strategien, die Dir helfen können, sowohl für Dich als auch für den anderen gesunde Entscheidungen zu treffen. Hier sind einige Ansätze, die Dir dabei helfen können:

1. **Nicht mitleiden, sondern mitfühlen**
   Es gibt einen wichtigen Unterschied zwischen Mitleid und Mitgefühl. Mitleid bedeutet, dass Du mit dem Süchtigen mitleidest, dass Du sein Leid trägst – und das hilft weder Dir noch ihm. Mitgefühl hingegen lässt Dich seine Lage verstehen, ohne Dich selbst darin zu verlieren. Du kannst ihm Unterstützung bieten, ohne in seinen Schmerz einzutauchen. Mitgefühl bedeutet, dass Du da bist, aber nicht in die Dunkelheit der Sucht mit hineingezogen wirst.

2. **Bedürfnisse erkennen und spüren**
   Es ist wichtig, Deine eigenen Bedürfnisse zu erkennen und zu spüren. Frag Dich: Was ist für mich richtig? **Was brauche ich jetzt von mir?**
   Wir neigen dazu, uns auf die Bedürfnisse des Süchtigen zu konzentrieren, aber jetzt ist es an der Zeit, Dich selbst in den Mittelpunkt Deines Lebens zu rücken.
   Nimm Dir Momente der Stille, um in Dich hineinzuhören. Achte auf Deine Gefühle und körperlichen Empfindungen. Was gibt Dir Energie? Was zieht Dich herunter? Es ist völlig in Ordnung, Prioritäten für Dein eigenes Wohlbefinden zu setzen.
   Bedenke: Du verdienst es, für Dich selbst zu sorgen und zu erkennen, was Dir gut tut.

3. **Was hält mich am Süchtigen?**
   Reflektiere, was Dich am Süchtigen festhält. Oft sind es emotionale Bindungen, Schuldgefühle oder die Hoffnung auf Veränderung. Du fühlst Dich verantwortlich oder hast Angst, ihn alleine zu lassen.
   Auch das Gefühl von Sicherheit oder Vertrautheit kann eine Rolle spielen, selbst wenn die Beziehung schädlich ist. Schreibe Deine Gedanken und Gefühle auf, um Klarheit zu gewinnen.

Frage Dich: Was gibt mir diese Beziehung? Was würde ich vermissen, wenn ich mich distanziere? Indem Du diese Aspekte erkennst, verstehst Du besser, was Dich zurückhält, und kannst die notwendigen Schritte zur Befreiung einleiten. Helfen zu wollen ist die falsche Motivation.

4. Selbstliebe – zu Dir und zum Süchtigen

Selbstliebe bedeutet, Deine eigenen Bedürfnisse und Abgrenzungen zu achten. Aber es bedeutet auch, Liebe für den Süchtigen zu empfinden, ohne Dich in seiner Abhängigkeit zu verlieren. Selbstliebe erfordert, dass Du sowohl für Dich sorgst als auch respektierst, dass der andere seinen eigenen Weg hat – auch wenn dieser Weg für Dich schwer nachvollziehbar ist.

5. Vertrauen – auch wenn es schwerfällt

Vertrauen in den Süchtigen zu haben, ist eine große Herausforderung, besonders wenn sein Verhalten unberechenbar ist. Dennoch solltest Du versuchen, ihm zu vertrauen – nicht blind, sondern mit klaren Regeln für Dich. Sage ihm, dass Du ihm vertraust, aber ziehe klare Konsequenzen, wenn er diese überschreitet. Das kann so aussehen: „Ich liebe Dich und vertraue Dir, aber aus Liebe zu uns beiden ziehe ich mich jetzt zurück. Ich vertraue Deinem Weg, auch wenn ich es nicht immer verstehe." „Ich vertraue Dir und Deinem Weg, auch wenn ich Angst habe, dass Du es nicht schaffen könntest."

Es beinhaltet weiterhin die Akzeptanz, dass es der Süchtige eventuell nicht schaffen wird. Jedoch ist Vertrauen die Grundlage von Liebe: und Liebe lässt frei. Und egal, für welchen Weg er sich entscheidet, braucht er Vertrauen, um sich geliebt und wertgeschätzt zu fühlen. Auch wenn es sich seltsam anhört: Du stärkst Dich und Deinen Weg, wenn Du ihm Vertrauen aussprichst. Es wirkt und ist Dein Gamechanger.

6. Eine Entscheidungshilfe

Wenn Du unsicher bist, ob Du helfen solltest oder nicht, stelle Dir diese Frage: „Kann ich Hilfe anbieten, ohne etwas zu erwarten?" Wenn Du in der Lage bist, dem Süchtigen eine Möglichkeit oder Lösung ohne Erwartung anzubieten, dann tue es. Wenn Du merkst, dass Du im Gegenzug etwas erwartest – sei es Dankbarkeit oder Veränderung – dann ist es besser, es sein zu lassen. Drücke Deine Unterstützung aus, ohne Druck aufzubauen, und fordere Deine eigenen Bereiche und Schranken klar und ohne Kompromisse ein. Hole Dir Hilfe, damit Du klarere Entscheidungen treffen lernst und Dich aus Deiner Co-Abhängigkeit befreist.

7. Die Zwickmühle: Helfen oder nicht?

Du wirst oft in die Situation kommen, in der Du nicht weißt, ob Du helfen solltest oder nicht. Diese Entscheidung ist oft sehr schwer, weil Du zwischen Liebe und Selbstschutz balancierst. Denke daran: Du kannst Unterstützung anbieten, aber es ist nicht Deine Aufgabe, den Süchtigen zu retten. Deine Verantwortung liegt darin, Deine eigenen Werte und Abgrenzungen zu respektieren und zu schützen. Überlege Dir bei jeder Entscheidung, ob Du Dir damit noch in den Spiegel schauen kannst – wenn die Antwort wirklich vollumfänglich „Ja" ist, dann geh diesen Schritt. Jedoch sei Dir dabei bewusst, dass Du bisher immer zu viel geholfen hast. Mache Dir einen Plan, wie Du langsam aus dem Helfen-Wollen-Syndrom rauskommst.

8. Gesunde Übergabe statt hartem Loslassen

Es geht nicht nur darum, den Süchtigen frei-/loszulassen, sondern um eine gesunde Übergabe. Das bedeutet, langsam Abstand zu gewinnen, aber in Liebe und ohne Schuldgefühle. Es geht darum, ihm Raum zu geben, Verantwortung zu übernehmen, ohne dass Du komplett verschwindest. Diese sanfte Distanzierung ist oft leichter für Dich als ein harter Schnitt.

9. Los-/freilassen ohne Groll: „Ich lasse Dich los, aber nicht aus Hass, sondern aus Liebe"

Los-/freilassen ist notwendig, aber es sollte nicht aus Wut oder Groll geschehen. Der Akt des Loslassens ist eine Form der Selbstliebe – sowohl für Dich als auch für den Süchtigen. Du lässt ihn los, weil Du verstehst, dass er seinen eigenen Weg gehen muss, und weil Du Dich selbst nicht verlieren möchtest. Dabei geht es um Frieden und Akzeptanz, nicht um Strafe.

10. Grenzen setzen: Eine Gratwanderung

Grenzen setzen ist einer der schwierigsten, aber wichtigsten Schritte. Es gibt keinen perfekten Fahrplan, wann und wie Du Grenzlinien setzen solltest, denn es gibt keine allgemeingültigen Lösungen. Jeder Mensch, jede Situation ist anders. Dennoch gibt es grundlegende Prinzipien: **Erlaube der Sucht nicht, Dein Leben zu dominieren,** und setze klare Linien, die Du nicht überschreiten wirst. Manchmal ist es ein schmaler Grat – Du möchtest helfen, aber Du musst gleichzeitig für Dein eigenes Wohl sorgen. Lerne zu spüren, wann eine Grenze erreicht ist und fordere diese ein. Es fällt Dir leichter, wenn Du Dir vorstellst, dass Du die Sucht radikal in die Schranken weist.

Ich rate anfangs zu mehr Grenzen, weil Du bisher zu wenige gesetzt hast. Das fühlt sich anfangs hart und schwer an, doch lernst Du dies. Und falls es doch nicht passen sollte, kannst Du jederzeit wieder nachgeben. Aber ziehe anfangs stärkere Grenzen.

11. Die Sucht nicht mittragen

Es ist leicht, in die Dynamik der Sucht mit hineingezogen zu werden – vielleicht hilfst Du, indem Du finanzielle Lücken füllst, Ausreden erfindest oder den Süchtigen vor den Konsequenzen seiner Handlungen schützt. Doch das Mittragen der Sucht verstärkt das Problem nur. Es ist nicht Deine Aufgabe, die Sucht zu „managen". Lass den Süchtigen die Verantwortung für seine Handlungen übernehmen. Dein Schutz hält ihn nur länger in der Abhängigkeit gefangen.

12. Begleiten, aber nicht tragen: „Ich fahre Dich, aber den Weg musst Du selbst gehen"

Du kannst den Süchtigen auf seinem Weg zur Therapie begleiten, ihn fahren und unterstützen – aber den Weg der Heilung muss er selbst gehen. Du kannst nicht die Verantwortung für seinen Prozess übernehmen. Indem Du ihn begleitest, zeigst Du ihm, dass Du da bist, aber auch, dass er für seine Genesung selbst verantwortlich ist.

13. Unterstützung unter Bedingungen: „Ich begleite Dich, solange Du meine Grenzen anerkennst"

Es ist in Ordnung, Unterstützung anzubieten, aber nur unter klaren Bedingungen, die Deine eigenen Regeln respektieren. Wenn der Süchtige sich nicht an die vereinbarten Regeln hält, solltest Du bereit sein, Dich zurückzuziehen und auf Abstand zu gehen. Das bedeutet nicht zwangsläufig, die Beziehung zu beenden, aber es zeigt, dass Du Dich schützt und ihm gleichzeitig Raum lässt, um über sein Verhalten nachzudenken.

14. Klaren Kopf behalten – besonders bei Finanzen, Familie und Verantwortung

Wenn die Sucht das Leben des Betroffenen zunehmend übernimmt, kann es sein, dass wichtige Bereiche wie Finanzen, Unternehmen oder Familienangelegenheiten beeinträchtigt werden. Gerade hier ist es essenziell, dass Du einen kühlen Kopf bewahrst. Setze klare finanzielle Limits und lasse Dich nicht von Schuldgefühlen leiten. Deine Aufgabe ist es, Dein Leben und das Deiner Familie zu schützen – nicht, den Süchtigen aus jeder misslichen Lage zu retten.

15. Los- bzw. freilassen, fallen lassen, frei werden

Das Loslassen ist eines der schwierigsten Dinge, die Du tun musst – aber auch eines der befreiendsten. Es bedeutet nicht, dass Du aufhörst zu lieben, sondern dass Du akzeptierst, dass Du den Süchtigen nicht retten kannst. Manchmal musst Du ihn sogar „fallen lassen", damit er auf die eigenen Beine gestellt wird. In diesem Prozess wirst auch Du frei – von der Verantwortung, die Du übernommen hast und von den Lasten, die Du nicht tragen musst.

16. Langsam rausziehen und entkoppeln

Ziehe Dich schrittweise aus der Co-Abhängigkeit heraus. Es ist oft nicht möglich, von heute auf morgen loszulassen. Beginne damit, Deine eigene Energie wieder auf Dich zu lenken, anstatt sie in den Süchtigen zu investieren. Du bist kein Therapeut und es ist nicht Deine Aufgabe, sein Leben zu managen. Fachpersonal kann den nötigen Abstand wahren, den Du als emotional Nahestehender nicht aufbringen kannst. Dein Fokus sollte darauf liegen, Dich von seiner Sucht und seinem Leben zu entkoppeln und langsam wieder zu Dir selbst zurückzufinden.

17. Fokus auf Dein eigenes Leben: Lass ihn erwachsen werden

Der Süchtige muss lernen, Verantwortung für sein eigenes Leben zu übernehmen. Wenn Du ständig einspringst und für ihn „die Dinge regelst", nimmst Du ihm die Chance, erwachsen zu werden und aus seiner Situation zu lernen. Konzentriere Dich auf Dein eigenes Leben. Gib ihm die Möglichkeit, seine eigenen Fehler zu machen und daraus zu wachsen. Es ist schwer, zuzusehen, aber es ist notwendig, damit er sich entwickeln kann.

18. Seelenplan und der Glaube, nicht die Welt retten zu müssen

Manchmal haben wir das Gefühl, dass es unsere Aufgabe ist, andere zu retten – ob durch Erziehung, Religion oder gesellschaftliche Erwartungen. Doch Du kannst nicht die ganze Welt retten, und auch nicht den Süchtigen, egal wie sehr Du es versuchst. Jeder Mensch hat seinen eigenen Seelenplan, seine eigenen Herausforderungen. Dein Weg ist es, Deine eigenen Aufgaben zu bewältigen, nicht die der anderen.

19. Alte Konstrukte loslassen: Er muss nicht das Unternehmen übernehmen, er muss nicht monogam sein, er muss nicht so sein, wie ich denke

Wir haben gerne feste Vorstellungen, wie Dinge sein „müssen" (z. B. gelernt, kulturell, vorgelebt und übernommen) – der Süchtige soll das Familienunternehmen übernehmen, das Leben so weiterführen, wie es immer geplant war. Doch die Realität sieht anders aus. Es gibt verschiedene Phasen in der Sucht und der Genesung, und ebenso verschiedene Vorgehensweisen. Es ist an der Zeit, alte, starr gewordene Konstrukte loszulassen und zu akzeptieren, dass Dinge sich anders entwickeln, als Du es erwartet hast. Dies bedeutet nicht, dass alles verloren ist – es bedeutet, dass Raum für Neues entsteht.

20. Die Schwere rausnehmen – für Dich

Die Co-Abhängigkeit bringt eine unglaubliche Schwere mit sich, die Dich in jedem Lebensbereich beeinflusst. Doch es liegt an Dir, diese Schwere abzulegen. Akzeptiere, dass Du nicht alles kontrollieren kannst und dass es in Ordnung ist freizulassen. Dies bringt eine Leichtigkeit in Dein Leben zurück, die Du vielleicht schon lange vermisst hast.

21. Die harte Wahrheit: Verantwortung zu übernehmen, entmächtigt ihn

Es mag paradox klingen, aber wenn Du die Verantwortung für den Süchtigen übernimmst, entziehst Du ihm seine eigene Kraft. Indem Du ihn beschützt und versuchst, ihn zu retten, hältst Du ihn länger in der Sucht fest. Er muss seine eigene Stärke finden und die Konsequenzen seines Verhaltens tragen. Nur so kann er wirklich lernen und wachsen.

22. In unterschiedlichen Phasen unterschiedlich handeln

Es ist wichtig zu erkennen, dass es in den verschiedenen Phasen der Sucht und Genesung unterschiedliche Vorgehensweisen gibt. Wenn der Süchtige bereit ist, in Therapie zu gehen, kann es hilfreich sein, ihm wieder mehr Freiraum zu geben. Doch auch hier gibt es Spielregeln und Limits. Nimm Dir immer wieder Zeit, neue Wege für Dich zu finden, und bleibe wachsam, wenn es darum geht, Deine wunderbaren Lebensbereiche zu wahren und anzupassen.

23. Gesundes Freilassen: Sanft und schrittweise

Ein wichtiger Tipp für das gesunde Loslassen ist, Dich langsam zurückzuziehen. Du musst nicht von einem Tag auf den anderen alle Brücken abbrechen. Setze den Fokus immer mehr auf Dich, lerne, „Nein" zu sagen, ohne Schuldgefühle zu haben. Ja, er wird wahrscheinlich wütend werden, wenn Du beginnst, Dich abzunabeln. Doch Du wirst lernen, sanft damit umzugehen. Es ist ein Prozess, der Zeit braucht, aber es wird leichter – und weniger schmerzhaft als harte Schnitte, die Du vielleicht irgendwann bereuen würdest.

Dieser Prozess des Freilassens und der Rückbesinnung auf Dich selbst ist der Schlüssel zur Befreiung aus der Co-Abhängigkeit. Je mehr Du Dich auf Dein eigenes Leben fokussierst, desto mehr wird auch der Süchtige gezwungen, sich seiner eigenen Verantwortung zu stellen.

24. Lerne Gleichmut

Dies ist eine schwere Tugend zu lernen. Gleichmut wird fälschlicherweise gerne mit Gleichgültigkeit verwechselt. Gleichmut macht Dich nachhaltig frei von allen Süchten und Abhängigkeiten. Der Weg geht über Akzeptanz lernen, Deine Themen aufarbeiten, bei Dir selbst ankommen und dann sind Loslassen und Gleichmut die logischen Konsequenzen.

25. Neue Beziehungsmuster entwickeln

Traue Dich, nach neuen gesunden Beziehungen zu suchen, die auf gegenseitigem Respekt und Unterstützung basieren. In Deiner Co-Abhängigkeit hängst Du in einem Gebraucht-Werden-Muster fest, wo Du denkst, dem andern helfen zu müssen, weil er es alleine (ohne Deine Hilfe) nicht schaffen kann. Das sind harte, aber liebevoll gemeinte Worte, und Du weißt auch, dass sie stimmen. Sei dennoch liebevoll mit Dir und freue Dich daran, dass Du Dich nun aus diesem Gefängnis des Gebraucht-Werdens-

Müssens oder Helfen-Müssen befreien darfst. Wahrhafte gesunde Beziehungen sind nährend, unterstützend und wohlwollend. Beide Partner kennen ihre Themen und sind bereit, diese auf sich zu nehmen, die Verantwortung dafür zu tragen und gemeinsam einen Konsens zu finden. Keine Kompromisse.

26. Gesunde Beziehungen führen

Diese basieren auf Offenheit, Vertrauen und der Fähigkeit, authentisch zu sein. In solchen Verbindungen ist jeder Partner in der Lage, sich selbst zu reflektieren, persönliche Leitlinien zu setzen und die Bedürfnisse des anderen zu respektieren. Es gibt kein Gefühl des Mangels oder der Abhängigkeit, sondern ein tiefes Verständnis dafür, dass beide Partner eigenständig und vollständig sind, während sie gleichzeitig bereit sind, sich gegenseitig zu unterstützen.

Ein wichtiger Aspekt gesunder Beziehungen ist die emotionale Sicherheit, in der beide Personen ihre Gefühle und Gedanken frei äußern können, ohne Angst vor Verurteilung oder Abweisung. Konflikte werden nicht vermieden, sondern als Gelegenheit gesehen, miteinander zu wachsen. Beide Partner gehen bewusst mit ihren eigenen Themen um und tragen dazu bei, die Beziehung in Balance zu halten.

Wahrhaft gesunde Beziehungen sind geprägt von Geben und Nehmen, wobei niemand in die Rolle des „Retters" oder „Helfers" gedrängt wird. Jeder trägt Verantwortung für sich selbst und die eigene Entwicklung. In diesem Umfeld wird Unterstützung angeboten, wenn sie gebraucht wird, aber es gibt keinen Zwang oder Druck. Statt Kompromissen, die oft bedeuten, dass einer seine Bedürfnisse aufgibt, wird ein gemeinsamer Konsens gesucht, der beide Partner stärkt und in ihrer Ganzheit respektiert. In solchen Beziehungen ist Liebe nicht bedingungslos, aber sie ist bewusst – man entscheidet sich jeden Tag aufs Neue füreinander, aus einem Ort der Fülle heraus, nicht aus Angst oder Bedürftigkeit.

27. Radikale Klarheit und Ehrlichkeit:

In den meisten Aspekten sind wir unklar und unsicher. Um echte Veränderung zu erreichen, benötigst Du Mut zur radikalen Klarheit und Ehrlichkeit. Wenn Du Dir selbst und anderen gegenüber offen bist, kommt Deine Eigenmacht zurück.

Du wirst lebendiger und spürst mehr Lebenskraft. Indem Du Deine Gedanken und Gefühle klar ausdrückst, schaffst Du Raum für echte Verbindungen und positive Veränderungen in Deinem Leben. Es ist der erste Schritt, um Dich von alten Mustern zu befreien und Deinen eigenen Weg zu gehen.

Auch wenn Du anfangs einige Menschen damit vor den Kopf stößt und sie aus Deinem Leben gehen: dann ist das gut so, denn es kommen neue passendere Menschen nach.

28. Die drei Spiegel: Love it, Leave it, Change it in der Co-Abhängigkeit

In der Co-Abhängigkeit helfen Dir die drei Spiegel, Deine Situation zu reflektieren:

a. **Love it:** Akzeptiere die Dinge, die Du nicht ändern kannst. Finde Wege, um Liebe und Mitgefühl für Dich selbst und die Situation zu empfinden.

b. **Leave it:** Lass Dinge oder Menschen los oder frei, die Dir nicht guttun. Trenne Dich von Verhaltensmustern, die Dich zurückhalten und Deine Lebensqualität beeinträchtigen.

c. **Change it:** Überlege, was Du aktiv verändern kannst, um Dein Leben zu verbessern. Nimm die Verantwortung für Deine Entscheidungen und setze diese klar um. Schaffe für Dich gesunde Lebensbereiche und frage Dich nicht, was muss ich tun, damit der andere sich ändert!

29. Raum der Möglichkeiten

Durch Dein verändertes Verhalten entstehen neue Räume der Möglichkeiten, die Dir neue Perspektiven und Chancen eröffnen. Sie ermutigen Dich, über die gewohnten Denkmuster hinauszuschauen und alternative Wege in Deinem Leben zu erkunden. Nutze diese Räume, um Deine Träume und Wünsche zu reflektieren und aktiv zu gestalten.

30. Das wichtigste Tool: Veränderungen umsetzen

Das wichtigste Tool ist, Veränderungen aktiv umzusetzen. Wenn Du immer das Gleiche tust, wirst Du keine neuen Ergebnisse erzielen. Sei bereit, neue Ansätze auszuprobieren und gewohnte Muster zu durchbrechen. Indem Du bewusst neue Entscheidungen triffst, schaffst Du Raum für positive Veränderungen in Deinem Leben. Veränderung ist der Motor des Lebens.

31. Verlasse das Alte und werde zum absolut magischen Held Deines Lebens

Trau Dich, für Dich selbst einzustehen und das Alte hinter Dir zu lassen. Stelle Dir Dein Leben wie ein Mobile vor: Du bist oben, und alles dreht sich um Dich.

Indem Du die Verantwortung für Dein eigenes Wohlbefinden übernimmst, schaffst Du die Grundlage für positive Veränderungen. Werde aktiv und gestalte Dein Leben nach Deinen Wünschen und Bedürfnissen. Du hast die Kraft, der Held Deiner eigenen Geschichte zu sein.

Fazit: Den richtigen Umgang finden

Es gibt keine universelle Antwort auf die Frage, wie Du am besten mit einem Süchtigen umgehst. Doch das Wichtigste ist, dass Du Dich selbst nicht verlierst. Sei unterstützend, aber wahre immer Deine eigenen Bereiche. Liebe und Selbstliebe müssen Hand in Hand gehen, und manchmal bedeutet das, den anderen freizulassen, damit er seinen eigenen Weg gehen kann.

Und das aller Wichtigste: Erwarte Wunder! Für Dich – in Deinem Leben.

Alles Gute

Deine

8. Wie geht es weiter?

Es gibt für Dich viele Möglichkeiten, an Deiner Co-Abhängigkeit zu arbeiten, denn sie ist Dein Spiegel zu ungelösten Themen und Deinem wahren Potential. Nutze diese wunderbare Chance und werde frei von allen Anhaftungen und Abhängigkeiten.

Ich habe einige Wege für Dich, angefangen von einem ausführlichen, tiefgründigen exklusiven Onlinekurs, der mit extrem vielen Übungen versehen ist. Er ist unter folgendem Link zu finden
https://aufge-wacht.de/suchtakademie-online/

oder mit Begleitung, Coaching meine Sucht Akademie
https://aufge-wacht.de/suchtakademie/

und Einzelsitzungen https://aufge-wacht.de/termin-anfrage/

Buche Dir einen kostenfreien Termin und wir schauen, was für Dich am besten passt.

Wertvoll für Dich ist auch das Wissen, dass Du nicht allein mit Deinen Themen und Deiner Sucht bist. Daher ist es sinnvoll, sich in einem geschützten und geführten Rahmen austauschen zu können.

Für Aufarbeitung und transformieren von Traumen, Blockaden, Sabotageprogrammen etc., die im Unterbewusstsein verankert sind, habe ich die Methode THEKI© gelernt.
https://www.aufge-wacht.de/theki
Mittlerweile habe ich meine eigenen drei Akademien mit meinem umfangreichen und deziderten Wissen gegründet. Ich darf viele Menschen in unterschiedlichen Bereichen begleiten und mein vielfältiges Wissen in meinen Ausbildungen weitergeben.

Anmerkungen
„Jenga" – Geschicklichkeitsspiel, 60 Holzteile werden zu einem Turm gestapelt
https://de.wikipedia.org/wiki/Jenga

Zu meiner Person
Praxis: www.aufge-wacht.de
Facebook: https://www.facebook.com/bylivwach

YouTube:
https://www.youtube.com/channel/UCy9wW3BDckIDAur4Ewx1q6g)

Linkedin:
https://www.linkedin.com/in/liv-s-wach-09235823b/

Xing:
https://www.xing.com/profile/LivSabine_Wach/web_profiles?expand-Neffi=true

Weitere Auszeichnungen
Liv Wach gehört zu den Top100 Experten des Mittelstandes.

Website suchtfrei glücklich werden
            https://suchtfrei-gluecklich.de/

Vegane und nachhaltige Nahrungsergänzungsmittel
            https://www.regenbogenkreis.de/?sPartner=f905328b

**Komm in meine Telegramm Gruppe &
erhalte wertvolle Mutmachimpulse**
            https://t.me/+JSOm9WrTQ3s2MjQy

Einige interessante Übungen

Übung Video Gefühle wandeln
https://youtu.be/wYRtpLN1sI0

Übung „Was tun mit meinen Zweifeln"
https://www.youtube.com/watch?v=ICiIkKUScXA&t=258s

Übung „Was tun mit meinen Ängsten"
https://www.youtube.com/watch?v=cUA4FZP0IZg

Videos für Dich zur Co-Abhängigkeit
https://www.youtube.com/playlist?list=PLSIE3PHucmVJpd4naTa-fKp2xADLSDKg3d

Vielfältige Infos in meiner Videoreihe „Sucht, Abhängigkeiten, Alkohol"
https://www.y-outube.com/watch?v=b4D1d_2MQrA&list=PLSIE3PHucmVKcBdWHLo6KDiWIRs6O08O6

Gestaltung & Bilder
www.aufgeweckt.de, Liv Wach

WICHTIG:
Ich gebe keine Heilversprechen ab und meine Anregungen ersetzen nicht die Dienste von Ärzten und Heilpraktikern, aber so vielfältig wir Menschen sind, so viele Wege gibt es, gesund zu werden. Für mich schließen sich Schulmedizin und energetisches Heilen nicht aus, sondern ergänzen sich optimal.

Für wahre Selbstfürsorge!